集人文社科之思　刊专业学术之声

集 刊 名：乡村治理评论
主管单位：中国农村发展学会
主办单位：湖南师范大学中国乡村振兴研究院
　　　　　中国农村发展学会乡村治理专委会

THE COMMENT OF RURAL GOVERNANCE

《乡村治理评论》编辑委员会

主　　编：陈文胜
副 主 编：胡扬名　陆福兴
本辑执行主编：胡扬名

委　　员：（按姓氏笔画排序）
　　　　　王　敏　王红艳　左　停　仝志辉　刘金华　杨　华
　　　　　吴宗友　陆汉文　陆福兴　陈文胜　陈军亚　陈建胜
　　　　　欧阳静　赵　勤　赵光远　赵晓峰　胡扬名　谢治菊

编辑部
主　　任：谢宗藩

2024年第1辑（总第1辑）

集刊序列号：PIJ-2024-515
中国集刊网：www.jikan.com.cn / 乡村治理评论
集刊投约稿平台：www.iedol.cn

乡村治理评论

The Comment of Rural Governance

2024年第1辑（总第1辑）

中国农村发展学会　主管

湖南师范大学中国乡村振兴研究院
中国农村发展学会乡村治理专委会　主办

社会科学文献出版社
SOCIAL SCIENCES ACADEMIC PRESS (CHINA)

卷首语

在社会各界的关怀支持下,《乡村治理评论》正式创刊,与读者见面了。在全面推进乡村振兴、加快建设农业强国之际,《乡村治理评论》的面世可谓恰逢其时。

乡村治,社会安,国家稳。湖南师范大学中国乡村振兴研究院、中国农村发展学会乡村治理专委会创办《乡村治理评论》,就是要坚持以习近平新时代中国特色社会主义思想为指导,致力于打造为乡村治理建言献策、汇聚智慧的高水平交流平台,打造乡村治理优秀学术成果、实践创新成果的重要展示窗口,打造理论研究与实践创新紧密联系、学术智库与地方实践相互激发的合作桥梁,为不断完善乡村治理体系、提升乡村治理水平、助力乡村振兴战略实施发挥重要作用。

本刊将全面宣传新时代新征程上党领导推进乡村治理体系与治理能力现代化的理论创新、制度创新、实践创新。这是本刊的安身立命之本。乡村治理是国家治理的基石,是乡村振兴的重要内容,不仅关系农村改革发展,更关乎党在农村的执政基础,关乎农村社会大局稳定。我们将面向全社会,深入宣传党领导加强和改进乡村治理的理论成果、制度成果,全面展示乡村治理实践的创新举措、重要成就,引导各界充分认识加强和改进乡村治理的重要意义,进一步统一思想、提高认识,真正把统筹推进乡村治理的责任扛起来、工作落实好。

本刊将奋力打造有国际影响、全国领先的乡村治理学术研究交流平台。

这是本刊的创立宗旨所在。围绕乡村治理主题，为不同行动主体建立起相互交流的平台，汇聚理论研究者、政策制定者和实践工作者力量，深入探讨乡村治理的议题，推进学术交流互动，为乡村治理提供更丰富、更高端、更前沿的智力成果支持，服务乡村振兴的国家重大战略。同时，积极对接国际交流与合作平台，推动乡村治理主题的国际研讨与交流，既借鉴全球乡村治理的宽阔视野，吸收全球乡村治理的成功经验，也为世界乡村治理贡献中国智慧和中国方案。

本刊将持续搭建助力理论与实践、学术与探索紧密结合又相互促进的桥梁。理论对实践具有指导作用，但理论绝非"躲进小楼成一统"的书斋文章，必须结合实践才能真正指导实践。当前，乡村整体环境发生了较大变化，对乡村治理研究和实践均提出新要求。本刊将既展示专家学者的学术探讨，也反映地方的探索实践，呈现来自各地的乡村治理生动实践、鲜活案例。既支持和帮助研究者拓宽学术视野、探索乡村治理规律、寻找实现乡村治理有效的方式、完善乡村治理理论体系，也发挥学术智库作用，指引和激励地方根据当地实际进行探索、丰富地方乡村治理经验。

本刊创立之时正值全面贯彻党的二十大精神的关键之年。回望往岁，党的十八大以来，我国乡村治理取得历史性成就，现代乡村治理的制度框架和政策体系基本形成，党建引领"三治"融合的乡村治理体系逐步完善，群众幸福感、获得感、安全感不断提升。放眼未来，加快推进中国式现代化建设、全面推进国家治理体系和治理能力现代化，需要一代又一代人接续奋斗，需要包括学术期刊在内的宣传思想战线发挥好统一思想、凝聚力量的巨大作用，如此，《乡村治理评论》必将大有可为。

——《乡村治理评论》编辑部

乡村治理评论

2024年第1辑（总第1辑）

推进乡村振兴的多元应对之策 ………………………………… 魏后凯 / 1

乡村治理现代化的中国道路与地方实践（笔谈） ……………………… / 16
    中国式乡村治理现代化
        ——科学内涵、现实基础及探索路径 ………………… 王红艳 / 17
    "结构—功能"视域下乡村公共治理的现实难题
        ……………………………………………………………… 左　停 / 20
    推进城乡要素市场化治理的"成渝实践" ……………… 廖祖君 / 25
    统合式治理：村社再组织化的一种途径 ………………… 陆汉文 / 28
    重新定义乡村 …………………………………………… 赵光远 / 31
    空间社会学理论视域下的乡村治理 ……………………… 吴宗友 / 36

乡村振兴是一次回乡赶考 …………………………………………… 张孝德 / 41
加快建设农业强国的"北京方案"战略研究 ………………………… 姜长云 / 55
扬弃、继承与新人塑造：乡村社会治理的时代挑战
    ——来自浙江海宁、义乌、温岭田野研究的思考 …………… 张乐天 / 103
城乡融合背景下中国乡村治理体系建设的基本现状、
    关键挑战与政策构建 ……………………………… 郭晓鸣　骆　希 / 123

中国乡村治理：转型演进与时代难题 …………………… 陈文胜 / 141
以家户制为主体单元的乡村治理现代化 ………………… 陆福兴 / 158
中国特色乡村老龄化治理：时代挑战、现实难题与基本路径
　　………………………………………………………… 胡扬名 / 173

《乡村治理评论》稿约 ……………………………………………… / 188

推进乡村振兴的多元应对之策

魏后凯

内容提要 乡村振兴是一项任务艰巨的系统工程,面临着错综复杂的现实问题制约。要将乡村振兴推向新高度,需要全社会共同参与,从多维度共同发力。要通过多途径破解乡村人才短缺难题,培育新型职业农民和新型乡土人才,吸引大学生和外出务工青壮年农民工返乡就业创业,引进城市人才入乡就业创业,培养扎根农村的专业人才队伍等举措,形成内生与外引并举的人才保障机制。要建立可持续的多元化投融资机制,将政府公共资源优先用于支持乡村全面振兴,引导各类资本支持乡村产业发展,强化农村金融服务体系建设,探索农村资源活化利用及使其资本化、资金化等破解乡村振兴的资金短缺难题。要建立农民持续增收的长效机制,持续增加农民工资性收入,鼓励农民创新创业、提高家庭经营净收入,深化改革,增加农民财产性收入以及稳定提升转移性收入。要实施化肥、农药使用减量行动计划,以分类梯次推进和实行"双减双控"为抓手,建立化肥、农药减量增效示范区,支持新型肥料、农药的研发和应用,加速推进化肥和农药使用的减量化进程。要进一步加大农村生活污水治理力度,加大中央财政专项资金投入,建立城乡统一的统计指标体系,吸引社会资本进入,采用差异化补助策略等推动农村生态环境治理迈向更加系统化、高效化的轨道。

关 键 词 乡村振兴 人才振兴 投融资机制 化肥农药减量 农村生活污水治理

农业农村农民问题是关系国计民生的根本性问题。习近平总书记提出要"把推进乡村全面振兴作为新时代新征程'三农'工作的总抓手"。乡村振兴是一项任务艰巨的系统工程，面临着错综复杂的现实问题制约。要将乡村振兴推向新高度，需要全社会共同参与，从多维度共同发力。本文重点从人才短缺、资金短缺、农民增收难、农业面源污染和农村生活污水治理等乡村振兴中面临的关键难题入手，探索推进乡村振兴战略的多维度解决方案。

一 多途径破解乡村人才短缺难题

人才资源是第一资源，是经济社会发展中最重要的因素。新时代要推进乡村全面振兴，离不开大量有文化、懂技术、会管理、善经营、爱农村的实用型人才。从乡村振兴实践来看，人才短缺已经成为制约乡村振兴最关键的因素。一是乡村人才不断向城市转移。随着城镇化的持续推进，城市的资源集聚效应吸引了大量的文化程度高、综合素质高的农村年轻人前往城市就业创业和生活发展。从就业数据来看，2012年，乡村就业人员占全国总就业人员的51.1%，比城市高2.2个百分点。随着城镇化率的逐年提升，劳动力前往城市就业的趋势越发明显，城乡就业人员占比发生显著变化。到2022年，城市就业人员占全国总就业人员的62.6%，乡村就业比重仅为37.4%，乡村就业比重比城市低了25.2个百分点。二是乡村人口加速老龄化。2012年全国乡村人口老龄化率为16.15%，比城市老龄化率仅高3.77个百分点。到2022年，全国乡村人口老龄化率已经高达25.02%，比城市老龄化率高出了8.44个百分点，充分反映出乡村人口老龄化的速度更快。这种乡村劳动力和人力资本的老化，将对农业农村现代化和乡村全面振兴形成严峻的挑战（见表1）。三是留守乡村人口的文化素养难以满足乡村振兴的需要。向城镇转移人口以乡村中文化程度高、综合素质高的青壮年劳动力为主，留守群体主要是文化程度偏低的妇女、儿童和老年人。根据2022年全国人口变动情况抽样调查数据，全国农、林、牧、渔业就业人员中受教育程度为初中及以下的占比达93.1%，其中小学及以下文化程度占比达50.3%，高中文化程度仅为5.7%，大专及以上文化程度的仅为1.2%[①]。

表1 城镇化背景下中国城乡就业人口和老龄人口比重的比较

单位：%，个百分点

年份	城镇化率	就业人口比重			人口老龄化率		
		城镇	乡村	差距（城市-乡村）	城市	乡村	差距（城市-乡村）
2012	53.10	48.9	51.1	-2.2	12.38	16.15	-3.77
2014	55.75	52.0	48.0	4.0	13.80	17.60	-3.80
2016	58.84	55.2	44.8	10.4	14.87	19.15	-4.28
2018	61.50	58.4	41.6	16.8	15.79	20.46	-4.67
2020	63.89	61.6	38.4	23.2	15.55	23.80	-8.25
2022	65.22	62.6	37.4	25.2	16.58	25.02	-8.44

注：城乡就业人口比重是指城镇和乡村就业人员分别占全国总就业人员的比重，城乡人口老龄化率是指城市和乡村60岁及以上人口分别占其总人口的比重，未包括镇。

资料来源：根据《中国人口和就业统计年鉴》（2013-2023）计算。

推进乡村全面振兴离不开各种类型的人才支撑，既包括农、林、牧、渔业等农业行业的种养人才，也包括农业科技服务、农产品加工、贮运、营销等整个农业产业链发展需要的人才，还包括农村非农产业发展所需的各类人才，如农村基层治理与公共服务、法律咨询服务、农文旅融合等方面的人才。因此，面对当前乡村人才存在的总量不足和结构性矛盾的全线短缺难题，从多角度入手多途径综合施策，加快乡土实用人才培养和吸引各类人才下乡，将是破解乡村全面振兴人才困局的关键所在。

首先，要尊重农民在乡村全面振兴中的主体作用，发挥其积极性和创造性。为此，要切实提升农民的现代科技水平和综合文化素养，优化完善新型职业农民培育制度，提高培育职业农民相关政策措施的精准性，聚合多方力

[①] 国家统计局人口和就业统计司编《中国人口和就业统计年鉴2023》，中国统计出版社，2023。

量加快新型职业农民发展体系建设，进而增强乡村全面振兴的内生动力。其次，要加强对各类新型乡土人才的培育。主要是加强包括专业大户、家庭农场、农民专业合作社、农业龙头企业以及其他经营性农业社会化服务组织等在内的农业新型经营主体的培育，积极发挥新型农业经营主体在推进乡村全面振兴过程中的关键作用和联农带农效应。再次，农村籍大学生和外出务工青壮年农民工是乡村人才中综合文化素养最高的群体，社会经历相对丰富，思维和创意活跃，是推进乡村全面振兴的一支有生力量。因此，要积极出台鼓励人才返乡的政策措施，加强乡村特色产业和新业态开发，改善乡村营商环境，增强这类人才返乡就业创业的意愿和行为。最后，通过适度放开制度约束和盘活闲置资源，尤其是盘活农村闲置集体资产、农民闲置宅基地和闲置农房等多种方式，积极推动农文旅融合、乡村旅居养老等新业态发展，吸引城市企业家和专业技术人员、咨询服务人员、管理人员等各类人才下乡创新创业，吸引城市居民到乡村居住，特别是城市老年人到乡村旅居养老、城镇退休人员下乡居住和发挥余热。总之，要通过优化培训机制、完善配套制度，建立健全一支来源多元化、能够扎根乡村、"懂农业、爱农村、爱农民"的乡村振兴人才工作队伍。

二　建立可持续的多元化投融资机制

充足的资金是推进乡村全面振兴的必要保障，但是在乡村振兴实践中普遍面临资金短缺的窘境。一方面，供水、供气、医疗、教育、社保等农村公共产品与服务的供给严重短缺，远远不能满足农民的生产生活需求，严重影响了农民的获得感、安全感和幸福感。推进乡村全面振兴，从生产生活基础设施建设、人居环境改善提质、乡村文化发展到乡村产业振兴，都需要大量的资金投入。尽管国家对农村公共基础设施建设的投入逐年增大，农村公共设施水平不断提高，但城乡之间的公共设施投入差距很大，农村公共基础设施和服务的投入仍然严重不足。截至2022年末，全国仍有60.1%的村庄没有普及燃气，24.4%的村庄没有普及互联网，15.2%的行政村没有普及集中供水①，全国农村生活污水治理率仅为31%左右②。另一方面，农村自我积累的能力不足，叠加投融资渠道不畅通，资金的有效供给水平不高。2022年，全国乡村常住人口仍占全国总人口的34.78%，国家财政用于农林水（含巩固脱贫衔接乡村振兴、农村综合改革）各项支出加上农户固定资产投资合计27741.9亿元③，而2022年全社会固定资产投资为579556亿元，即使加上不含农户的第一产业投资14293亿元④，上述三项农村投资或资金也仅占全社会固定资产投资的7.25%。由此可见，全社会固定资产投资绝大部分仍然高度集中在城市，农村投资与其人口比重相比仍然远不匹配。

随着乡村振兴战略向纵深推进，乡村发展资金的供需缺口将更为明显。因而，如何建立健全可持续的多元化投融资机制，为乡村振兴提供有力的资金支持，是当前迫切需要破解的重要难题。

首先，推进乡村全面振兴需要坚定不移地贯彻农业农村优先发展的总方针，必须全面落实政府公共资源优先用于支持乡村全面振兴。为此，既要加大国家财政投入农业农村发展的力度，增加投资总量，还应该有效整合国家财政支农资金，优化财政支农资金结构，提高资金使用效率。其次，解决乡村振兴所需要的资金的问题，不能完全把希望寄托在公共财政投入上面，破除乡村振兴对国家财政资金"等靠要"的消极思想。要通过优化制度设计，积极推动农村综合改革，发挥财政资金的杠杆效应，撬动城市资本下乡，引导各类资本支持乡村产业发展，服务于乡村振兴大局。再次，要针对农业农村发展的特点，加强农村金融服务体系建设，创新农村金融产品和服务，积极发展普惠金融，为乡村振兴提供一种多层次、广覆盖、低成本、可持续的

---

① 国家统计局社会科技和文化产业统计司编《中国社会统计年鉴2023》，中国统计出版社，2023。
② 王永战、常碧罗、李蕊：《水美乡村景色新：2022年全国农村生活污水治理率较2020年提升约5.5个百分点》，《人民日报》2023年6月9日第13版。
③ 国家统计局农村社会经济调查司编《中国农村统计年鉴2023》，中国统计出版社，2023。
④ 国家统计局：《中华人民共和国2022年国民经济和社会发展统计公报》，中国统计出版社，2023。

金融服务。最后，要积极探索农村产权制度放开放活的有效途径，通过盘活农村的各类资源，尤其是闲置的农房、宅基地等资源的活化利用，使资源资本化、资本资金化，有效拓展农民财产性收入增加的新途径。

三 建立农民持续增收的长效机制

"三农"问题的核心就是农民的收入问题，增加农民收入是推进乡村全面振兴的中心工作，也是难点所在。在中央强农惠农支农政策的有力支持下，特别是在精准扶贫政策和乡村振兴战略的作用下，我国农村居民的收入实现了持续稳定增长，城乡居民收入差距不断缩小。2012~2023年，全国农村居民人均可支配收入由8389元增加至21691元，城乡居民人均可支配收入比值也由2012年的2.88缩小至2023年的2.39[①]。尽管如此，城乡居民收入比仍维持在较高水平，城乡居民收入绝对差距仍在不断扩大，并且随着发展水平的提升，近年来农民增收难度日益加大。影响农民增收难的因素是多方面的，主要体现在以下几个方面。

1. 农民工资性收入的增收效应可能受到挑战

农民收入来源主要依靠外出务工的工资性收入。在农村居民人均可支配收入中，工资性收入所占比重已由2013年的38.7%提高到2022年的42.0%。这部分收入的增长主要是依靠农民离开农村外出务工取得的非农工资性收入，本质上是以城市产业的发展为支撑的。近年来，随着经济发展阶段转变和城市产业发展领域智能化的推广应用，在人工智能替代劳动力以及城市产业结构调整和经济增速放缓的背景下，城镇就业压力增大，农民进城就业机会减少，农民的工资性收入增长受到了挑战。

2. 经营净收入在农民收入构成中占比下降较快

2013~2022年，经营净收入在农村居民人均可支配收入中的占比由41.7%

[①] 本部分所使用的数据系根据《中华人民共和国2023年国民经济和社会发展统计公报》《中国统计年鉴2023》《中国农村统计年鉴2023》等计算得出。

逐渐下降至34.6%。这种下降主要归因于农村居民第一产业经营净收入的快速下降。2013年农村居民人均可支配收入中第一产业经营净收入所占比重为30.1%，2022年下降到了22.7%，并且这种下降趋势可能会持续下去。

3. 农民人均财产净收入占比和贡献率均很低

农民人均财产净收入年均增长速度较快。2016年至2022年，农村居民人均财产净收入由272.1元增长至509元，年均名义增长11.0%，比农村居民人均可支配收入名义增速高2.5个百分点。但实际上农民人均财产净收入基数很低，其对农民增收的贡献微乎其微，2016~2022年财产净收入增长对农民增收的贡献率仅有3.0%。

4. 转移净收入的"天花板"效应将逐渐显现

近年来，转移净收入占农民人均可支配收入的比重快速提升。2022年，农村居民人均转移净收入为4203.1元，所占比重达到了20.9%，而2003年该比重不到5%。在坚持农业农村优先发展的总方针下，未来农民人均转移性收入仍有较大增长空间，尤其在社会保障方面，但其占比离"天花板"也越来越近了。

5. 农村低收入农户收入不稳定，增长波动大

近年来农村低收入户收入增长呈现大起大落的状态，其增速很不稳定。从表2中可以看出，在经历2014~2016年的剧烈波动后，2017~2020年农村低收入户人均可支配收入增速均超过9.8%，其中2019年甚至高达16.27%，但是在2021年迅速回落至3.73%，2022年增速只有3.47%。由于低收入户收入增长不稳定，近年来农村高收入户与低收入户之间的收入差距迅速扩大，二者人均可支配收入之比由2020年的8.23倍，扩大到2022年的9.17倍。二者之间的绝对差距则由2015年的22928.3元扩大到2022年的41050.8元，7年内扩大了79.0%。按收入五等份分组计算的农村居民人均可支配收入变异系数，也处于波动之中，除2015年和2019年外，其他年份农村居民人均可支配收入的变异系数均有所扩大。这表明，农村居民群体间差距需要引起高度重视。

表 2　中国农村居民人均可支配收入增长及其差距变化

指标		2014 年	2015 年	2016 年	2017 年	2018 年	2019 年	2020 年	2021 年	2022 年
收入名义增速(%)	低收入组	-3.82	11.47	-2.56	9.83	11.03	16.27	9.83	3.73	3.47
	中间偏下收入组	10.71	9.33	8.40	6.65	1.92	14.64	6.54	11.49	3.28
	中间收入组	12.63	8.49	8.23	7.34	4.61	11.60	5.20	12.47	5.46
	中间偏上收入组	13.82	8.09	8.19	7.73	6.54	9.31	5.84	10.93	6.38
	高收入组	12.30	8.63	9.36	10.02	8.76	5.89	6.85	11.84	6.95
收入差距	高低收入组之比	8.65	8.43	9.46	9.48	9.29	8.46	8.23	8.87	9.17
	高低收入组之差（元）	21179.3	22928.3	25441.5	27997.4	30376.4	31786.8	33838.8	38225.6	41050.8
	变差系数	0.720	0.717	0.732	0.744	0.762	0.727	0.728	0.737	0.749

资料来源：根据《中国农村统计年鉴2023》计算。

上述数据表明，当前的农民增收模式仍高度依赖城市产业支撑，存在着不可持续的风险隐患，甚至可能成为推进乡村全面振兴进程中的一道障碍。要立足乡村全面振兴和城乡融合发展的视角，逐步建立起一个可持续的农民增收长效机制。总体上看，增加农民家庭人均可支配收入，要从分母与分子两个途径入手，分母是人口，分子是收入。减少分母就是要通过新型城镇化继续减少农民，推动农村富余劳动力和人口向城镇迁移。农民减少了，其他农民占有的留在农村的资源可能就多了，有利于促进农业的规模化经营，并减轻资源环境压力。

增加分子就是要增加农民的家庭收入，具体包括工资性收入、转移性收入、经营性收入和财产性收入四个方面。一是，要稳定并扩大农民在城乡务工就业，持续地增加工资性收入，不断优化工资性收入的来源构成，尤其要提高来自本地就业的工资性收入比重。二是要鼓励农民创新创业，大幅度地提高农民的经营性收入。通过完善相关政策，加大配套支持力度，改善农民创新创业的营商环境，发挥农民在乡村振兴中的主体作用，稳步提升农民经营净收入对农民增收的贡献。三是增加财产性收入。大力推进农村产权制度改革，打通将农村大量的资源如闲置农房、宅基地、承包地等变成财富的通道，大幅度提升农民财产净收入的比重及其对农民增收的贡献。四是稳定转移性收入。着眼于继续发力缩小城乡公共服务差距，优化和落实政府强农惠农政策，稳定政府的转移性支付力度。在此基础上，还需要采取有效措施不断提高农村低收入户收入。我国低收入人口主要集中在农村地区，要高度重视农村低收入户增收问题，将持续将增加农村低收入户收入纳入新时期全面推进乡村振兴规划，并尽快制定实施有利于农村低收入户增收的具体政策措施，切实加大资金和政策帮扶力度，建立完善低收入人口常态化帮扶的长效机制，以系统性增强其自我发展能力。

四 实施化肥、农药使用减量行动计划

2018年的中央一号文件《中共中央 国务院关于实施乡村振兴战略的意见》明确指出，要"加强农业面源污染防治，开展农业绿色发展行动，实现投入品减量化、生产清洁化、废弃物资源化、产业模式生态化"。[①] 农业投入品的减量化，强调通过科学管理和技术创新，实现对关键农业资源的高效利用与环境影响最小化，特别是要减少化肥、化学农药、化学除草剂以及兽用抗生素的使用，其中尤为注重化肥与化学农药的用量优化与缩减，从而促进农业生产的可持续性和生态安全。早在2015年2月，农业部就制定出台了《到2020年化肥使用量零增长行动方案》和《到2020年农药使用量零增长行动方案》，两项政策明确规划了至2020年底，我国主要农作物种植中化肥与农药的总施用量应达到零增长的既定目标。自双零增长行动方案启动实施以来，全国范围内的化肥与农药使用总量均呈现明显的递减态势，利用率明显提升。经科学测算，2020年我国水稻、小麦、玉米三大粮食作物化肥利用率为40.2%，农药利用率为40.6%。[②] 在此基础上，农业农村部制

[①]《中共中央 国务院关于实施乡村振兴战略的意见》，《人民日报》2018年2月5日。
[②] 高云才、郁静娴：《化肥农药使用量零增长行动目标实现》，《人民日报》2021年1月18日。

定实施了《到2025年化肥减量化行动方案》和《到2025年化学农药减量化行动方案》。与2015年相比，2022年全国农用化肥施用量（折纯量）下降了15.7%，农药使用量下降了33.3%。目前，在施用农药中，微毒、低毒和中毒农药用量占比已超过99%。①

虽然全国化肥和农药的使用强度近年来呈现持续下降的趋势，但目前我国化肥和农药使用强度仍然偏高，化肥和农药使用长期处于过量状况。如果按农作物总播种面积计算，2021年我国化肥使用强度为307.73千克/公顷，尽管比2015年下降了14.8%，但比国际警戒线（225千克/公顷）高出36.8%，是世界平均使用强度水平的2.5倍；我国农药使用强度为7.35千克/公顷，尽管比2015年下降了31.3%，但仍高于国际警戒线（7千克/公顷）。分地区看，2021年全国有24个省份化肥使用强度超过国际警戒线，有16个省份农药使用强度超过国际警戒线。②化肥、农药等农业化学品长期过量施用，已引发一系列连锁反应，其中包括土壤营养成分的非均衡状态、土壤肥沃度及有机物质含量的衰退，这一系列效应加剧了土壤结构退化及水质污染问题。更有甚者，残留的大量有毒有害化学物质也带来了严重的安全隐患，严重威胁到食品安全与生态安全，对农产品质量和自然生态系统构成了实质性风险。③

历经多年的技术积累与模式创新，我国已蓄积深厚的科技实力与实践经验，为化肥、农药减量工作的全面铺开奠定了坚实基础。在此背景下，加速推进化肥和农药使用的减量化进程，不仅是对环境友好型社会构建的积极响应，也是遵循绿色发展理念、促进农业高质量发展的内在要求。为此，需要在现有行动方案的基础上，尽快制定完善中长期的全国化肥和农药使用减量

---

① 马爱平：《我国农业绿色发展水平持续提高　农用化肥使用量连续6年下降》，《科技日报》2023年6月9日。
② 化肥和农药使用强度，根据《中国农村统计年鉴》中农作物总播种面积、化肥使用量、农药使用量计算得出。
③ 李博：《尽快实施化肥、农药使用减量行动计划——访全国人大代表、中国社科院农发所所长魏后凯》，《中国农资》2018年第8期。

行动计划，明确减量目标、路径与时间节点。采取总量控制与强度控制相结合的办法，推动化肥、农药使用总量和强度持续快速下降，使之逐步稳定在安全合理的适宜区间。

1. 分类梯次推进，实行"双减双控"

依据地理区域的特定性、农作物类型的多样性以及发展阶段的不同，实行精细化管理，分地域、分作物种类、分步骤地渐进推动化肥与农药的减量化，力争在2030年之前，确保将化肥、农药使用强度控制在国际警戒线以下的安全合理区间之内，从而落入一个生态与生产双赢的适宜区间。所谓"双减"，是指同时在化肥、农药的使用上都要实行减量；所谓"双控"，是指对化肥和农药的使用，既要实行总量控制，又要实行强度控制。为此，当前亟须制定出一套详尽的标准体系，该体系需覆盖不同区域、不同农产品、不同时间节点的化肥和农药使用强度的控制基准，并据此基准来确定各区域的总量控制指标。同时，为确保2030年前化肥和农药使用强度进入适宜区间，必须深入研究并制定出针对性强、可行性高的实施路径与政策措施，以科学指导这一复杂而系统的"双减双控"进程。

2. 建立化肥、农药减量增效示范区

推行化肥和农药使用减量行动计划是一项长期且复杂的艰巨任务，要鼓励各地区根据自身特点和发展条件进行大胆探索、先行先试。近年来，一些地区在推进化肥、农药减量增效方面已经进行有益的探索，并积累了宝贵的经验。例如，黑龙江启动了农业减化肥、化学农药和化学除草剂的"三减"行动；广东省设立了8个省级示范园区，专注于蔬菜种植中的化肥减量技术应用；河南省依据地域差异，将全省科学划分为五个减肥增效类型区，实施精准管理。建议由农业农村部联合国家发展改革委等有关部门，在全国范围内甄选并建立一批不同类型的化肥、农药减量增效示范区，通过展示成功案例、传播最佳实践及技术创新成果，为全国范围内的化肥与农药减量化工作树立可借鉴、可复制的标杆，进而推动农业绿色转型与可持续发展的深度落实。

3. 支持新型肥料、农药的研发和应用

要进一步加大资金和政策支持力度，以科研院所、高校和企业等为主体，深入扩展产学研一体化合作机制，聚焦生物肥料、水溶肥料、高效缓释肥料、生物农药、高效低毒农药、病虫绿色防控产品等新型肥料、农药的研发和推广应用，加速推进新型肥料与农药的技术突破与市场应用，系统提升化肥和农药的使用效率，促进农业投入品的绿色转型。与此同时，要加大对推广有机肥替代化肥的支持力度，通过财政激励与税收优惠政策杠杆，为新型肥料与农药的生产商与供应商创造有利的发展环境。例如，对从事此类产品研发、生产和销售的企业实施税收减免，对采用这些环境友好型肥料、农药的农业经营主体提供直接的财政补贴，以此形成正向激励循环，驱动农业产业向资源节约型与环境友好型发展模式转变，确保粮食安全与生态安全的双重目标得以实现。

五　进一步加大农村生活污水治理力度

当前，我国农村公共设施建设还存在着较为明显的不足，是推进乡村全面振兴的关键瓶颈，尤其是农村生活污水处理设施的匮乏，更是这一系列短板中的突出弱项。近年来，针对农村生态环境亟待改善的现状，为满足农村生活污水处理的迫切需求，中央与各级地方政府显著加大了对农村生活污水治理项目的资金与政策支持力度。

2013~2021年，全国范围内农村排水设施建设的资金投入由135.43亿元显著增至546.34亿元，其中，村庄污水处理设施建设投入由32.49亿元增加到366.90亿元，分别年均增长19.0%和35.4%。[①] 随着设施投入的加大，我国农村生活污水处理能力大幅提升。尽管投资力度的加大促进了处理能力的提升，但由于历史遗留问题的累积效应，当前我国农村生活污水处理设施的建设仍处于较为脆弱的状态，与城市领域相比，发展显著滞后，未能

---

① 资料来源：《中国城乡建设统计年鉴2013》《中国城乡建设统计年鉴2021》。

充分达到"生态宜居"愿景下的标准与需求。[①] 一是资金投入不足。2021年数据显示，我国平均每个行政村在排水设施建设上的资金配置仅为11.35万元，其中，专用于污水处理设施的投入更是低至7.62万元。若依据村庄常住人口来衡量，人均分配到的排水设施建设投入为84.54元，此数值仅相当于城市与县城相应人均投入的19.0%与17.4%[②]；而在污水处理设施的人均投资上，农村人均56.77元的数额，亦分别只是城市与县城人均水平的29.7%和22.8%。二是治理能力尚处低位。至2021年，我国城市污水处理率已攀升至97.89%，县城紧随其后，达到了96.11%的高水平。相比之下，建制镇中实施生活污水处理的比例为67.96%，污水处理率为61.95%；乡村中实施生活污水处理的比例仅为36.94%，污水处理率只有26.97%。根据住建部数据，2021年全国农村污水处理率仅有28%。上述数据清晰显示了农村地区在生活污水处理上的巨大差距。三是地域间差异显著。2016年的数据显示，浙江省对生活污水进行处理的行政村比例高达84%，上海、江苏、北京等地也超过了40%。而相比之下，黑龙江、内蒙古、吉林、甘肃、青海、河北、山西、辽宁等省份均未达到10%，揭示了我国农村污水处理设施建设存在显著地域不平衡现象。

近年来，随着经济发展水平的不断提高，我国农村污水排放量快速增长。根据生态环境部相关标准和相关研究匡算，2021年城镇居民生活污水排放量约为359.06亿立方米，农村居民生活污水排放量约为217.54亿立方米，农村地区生活污水排放总量约为城镇地区的60.59%。[③] 然而，由于农村地区污水处理设施建设严重滞后，未经妥善处理的生活污水大量排放成为常态，这一现象直接引发了沟渠、池塘水质的急剧退化，表现为水体黑化、恶臭弥漫，进而促进蚊虫种群的肆意繁衍。这些问题不仅对民众健康构成重大威胁，增加了通过水质传播疾病的风险，降低了农村居住环境质量和农村

---

① 李竞涵、李海涛、李国龙：《补齐农村基础设施短板》，《农民日报》2018年3月20日。
② 在计算城市和县城人口时，包括了城区、县城人口及其暂住人口。
③ 刘金昊：《农村生活污水治理的现状、问题及审计对策》，《审计观察》2023年第4期。

居民生活质量，还会直接影响到饮用水水源的安全性，造成湖泊、水库的富营养化，进一步加剧生态系统的不平衡状态及水资源的可持续利用困境。

为此，要认真贯彻落实中共中央办公厅、国务院办公厅2021年印发的《农村人居环境整治提升五年行动方案（2021—2025年）》，进一步加大财政资金投入，广泛吸引全社会资本参与农村生活污水治理。要将农村生活污水治理作为实施乡村振兴战略的重大工程，在资金和政策上给予大力支持。

1. 加大中央财政专项资金投入

近年来，中央财政每年安排农村环境整治资金40亿元，用以支持地方开展农村生活污水、垃圾处理及饮用水源保护等工作。面对新时代背景下的新要求，现有财政资金配置的体量与乡村振兴战略及农村人居环境整治的巨大需求之间存在显著的不匹配现象。因此，建议财政部扩大农村环境整治资金预算的规模，并以村庄为重点，着重加强农村生活污水处理设施的建设与发展，将其列为优先解决的关键领域。同时，要以科学合理的长效机制为依托，建立财政支持农村生活污水治理资金投入的稳定增长机制，确保农村生活污水治理领域的资金投入持续增长，实现资金数量扩充和资金使用效率、效果的双重提升，有力地驱动农村生态环境的根本性改善与农村社会经济的全面发展。

2. 建立城乡统一的统计指标体系

长期以来，我国城乡生活污水处理采取城乡有别的统计指标。城市和县城采用的是污水排放量、污水处理总量、污水处理率等统计指标，而建制镇、乡和村庄的统计指标相对简略，主要是统计对生活污水进行处理的建制镇、乡、行政村的占比。这种统计方式不仅在城乡间缺乏直接可比性，还在科学性和精确性上表现出不足。鉴于此，建议对城乡生活污水处理的统计指标体系进行整合与标准化，倡导在所有层级包括建制镇、乡和村庄等，采取统一的"污水处理率"作为核心评价指标，以此提升数据的互斥性、精确度及政策制定的针对性，推动城乡污水处理统计的科学化与规范化进程。目前，住建部已经开始统计并发布建制镇和乡的污水处理率，为建立城乡统一的统计指标体系奠定了坚实基础。

3. 广泛吸引全社会资本进入

在推动农村生活污水处理设施的建设和运营中，应采取一种结合市场机制与政府引导的策略，坚持企业参与、政府补贴，制定更加优惠与高效的激励政策，广泛动员不同行业与规模的企业积极参与社会公共服务的供给。尤其是，要系统性地推广政府和社会资本合作（PPP）模式，利用特许经营、服务购买等灵活多样的合作形式，为社会资本开辟进入农村污水处理领域的畅通路径。通过构建一个风险共担、利益共享的协作生态系统，不仅能够有效调动非公共部门的资源与创新能力，还能确保服务质量和效率的最大化，加速实现农村环境的综合治理与可持续发展目标。

4. 采用差异化补助策略

确保农村生活污水处理体系持续有效地运行与得到维护，需要解决农民收入水平普遍偏低所导致的支付意愿有限性问题。其中的关键在于，要采用一种差异化补助策略。即综合考量地理位置特性、农村集体经济发展水平及农民人均可支配收入等多维度指标，对不同特征的镇村采取区别性的财政资助方案。通过这种精细区分的补助机制，更精准地匹配各区域的实际需求，优化资源配置，促进污水处理设施的普及与效能提升。与此同时，强化财政资金使用的后期评估机制至关重要，需建立一套严谨的反馈与评价系统，以监测资金投入的实际效用、成本效益及对环境改善的长期贡献。更进一步，将农村生活污水治理的成效纳入地方政府的业绩评估框架内，以此激发地方政府的积极性与责任心，确保政策执行力度，推动农村生态环境治理迈向更加系统化、高效化的轨道。

作者：魏后凯，中国社会科学院农村发展研究所（北京市，100732）

乡村治理现代化的中国道路与地方实践
（笔谈）

编者按： 乡村治理水平不但决定着乡村振兴战略的有序推进和农业农村现代化的发展质量，而且是国家治理体系和治理能力现代化的决定性变量，迫切需要把握全面现代化进程中乡村治理与人口结构、经济结构、利益结构、思想观念深刻变化的互动关系，从乡村公共职能、乡村公共决策、乡村公共服务三个层面，审视乡村社会公共需求的结构性矛盾：最迫切需要的供不应求与不是最迫切需要的供大于求，有效破解基层群众对公共资源配置和基本公共服务的需求表达困难和缺乏影响力的难点堵点，确保公共服务满足农民最迫切的需要、公共决策实现农民最广泛的参与、公共权力满足农民最根本的愿望。为回应时代命题，本刊组织了7位学者围绕乡村治理现代化的中国道路与地方实践进行了探讨，助力于理论研究与实践探索。

中国式乡村治理现代化
——科学内涵、现实基础及探索路径

王红艳

中国式乡村治理现代化是个基础性概念，如何界定这个基础性概念，目前学界还未达成共识。提及中国式乡村治理现代化，毫无疑问会想到另外两个关键词：一个是中国式现代化，另一个是中国式国家治理现代化。关于中国式现代化，党的二十大报告已明确指出五个"共同特征"和九个"本质要求"，我在此不赘述。关于中国式国家治理现代化，当前官方文件中还没有这样的提法，只是说"国家治理现代化"，因此我的这个提法也只能算是探讨性的学术性思考，希望起个抛砖引玉的作用。

综合党的重要文献资料和学界基本认识，我认为，中国式国家治理现代化是指在国家治理过程当中，坚持中国共产党的领导，同时践行民主、科学、法治、高效能的理念，推动解决改革、发展、稳定过程中遇到的各种问题，不断促进国家富强、社会进步和人的全面自由发展。

从这个概念来看，"中国式"特点是否立得住？首先，从治理的领导力量看，在治理当中突出强调坚持以中国共产党为最高政治领导力量，而我们知道，中国共产党领导的中国特色社会主义的本质特征，是中国式现代化的首要本质要求。其次，从治理目标看，不但强调促进国家富强、社会进步，而且要求促进人"全面而自由"的发展，请注意不是"自由而全面"，这第三个目标是社会主义、共产主义社会追求的价值，在资本主义制度情境下是不具备实现基础的。从这两点看，我们所推进的国家治理现代化，是具有鲜明中国特色的。

除此之外，还有哪些要素也具有中国特色呢？我在此提出了民主治理、科学治理、依法治理、高效能治理四个概念。现在做研究既要讲究政治上的规范性，也要讲究学理逻辑上的合理性。从政治上看，党的重要文献资料上有"民主执政""科学执政""依法执政"的说法，这是中国共产党治国理政三大要求和原则，"高效能"是习近平总书记在各个场合多次提出的一个重要的概念，因此这四个提法是立得住的。从学理上看，民主、科学、法治、效率，都是现代化研究中被广泛认可的四个很关键的概念。

那么，这四个维度是否立得住？可从两个视角来讨论。一是：跟前现代的中国作比较，当代中国式国家治理与前现代的中国式国家治理之间存在哪些异同？二是：与当代西方主要现代化国家相比，当代中国式国家治理有没有自己的特色？我在此不展开讲，但我想比较研究得出来的思考结果是立得住的。

现在来谈中国式乡村治理现代化。乡村治理是国家治理的重要板块，是基础性和基石性的工程。中国式乡村治理现代化，毫无疑问应该具备我刚才讲的中国式国家治理现代化的主要特征，在领导力量、治理理念、治理目标上应该与前者保持一致。但是我们在谈中国式乡村治理现代化的时候，还要注意：在乡村这么一个重要的具有不同特点的场域下，治理现代化还是会呈现一些具体差异的。到底有哪些具体差异？我认为至少需要注意这么几个问题。

一是坚持党的领导，具体化为乡镇党组织、村级的党组织统一领导村庄层面的各项工作和其他各类组织。二是从民主治理看，更加强调基层群众自治制度在基层的实践，不断深化和创新直接民主形式。三是从科学治理看，至少从现在的情况来看，需要关注数字化、高科技手段在村庄治理上的应用以及科学思维能力的提升等。四是从依法治理看，需要考虑德法相济问题，乡村社会是熟人社会，村规民约和礼俗传统文化遗产在一定程度上是存在的，它们对于推动治理优化可以发挥作用。五是从高效能治理看，与西方现代化国家和前现代中国相比，中国式国家治理现代化突出强调高效能治理，这是因为当代中国在国家治理上有很鲜明很主动的战略意识，有既定的发展目标和"两步走""三步走"的节奏安排。具体到乡村治理层面，也有一个高效能治理的问题，当前我们面对的是全面推进乡村振兴战略这一重要历史任务。

当前，推进乡村治理现代化具有什么基础？从总体环境和综合条件看，第一，基本实现了从重发展、轻治理到协同推进治理和发展的转型，这个趋势现在越来越明显。可以说，乡村乃至整个国家的治理现代化意识越来越强。第二，已从推进社会主义新农村建设过渡到全面实施乡村振兴战略，最近几年是脱贫攻坚和乡村振兴战略有机衔接时期，乡村治理现代化的综合基础不断夯实。第三，从治理层面看，已从"管理民主"进阶、升维到"治理有效"，也就是从对治理方式的强调转化为对治理综合效益的强调，这对探索治理模式多样化而言无疑是一项政策利好。这些都只是一个初步判断。

从以下几个维度来看，推进乡村治理现代化也有一定基础。当然也还存在不少问题：一是基层党组织体系健全，但是也存在空转、软弱涣散的情况。二是村民自治体系不断健全，扩面趋势明显。除村民代表大会外，村民议事会普遍建立，还有村民小组会议、村民小组议事会等，湖南娄底等地正在探索的"屋场会"则打破了既有的行政区划。但是也存在村民自治领域有限、自治能力有待提高等问题。三是从科学治理看，一方面数字乡村发展不平衡，另一方面具有科学思维的人才比较匮乏，各地积极探索解决人才匮乏问题的路径，但是截至目前匮乏局面还未得到实质性改变。四是基层干部依法行政、基层群众依法办事的能力和意识均有待提升。五是就高效能治理而言，已经开始注重成本核算问题，但办法、能力上还有待跟进。

关于中国式乡村治理现代化的探索路径，初步趋势和总体特征是：积极推进党建引领乡村治理。从政府和社会两个方面看，政府层面的鲜明特色是"下沉"，包括公共服务下沉、帮扶力量下沉、维稳力量下沉、纪检监察下沉、行政力量下沉等等。村级层面的探索，主要包括推进实施项目制、积分制、权力清单制等，有着百花齐放的探索，既有体系层面的，也有能力方面的，其中包含很多可以借鉴的东西，值得我们深入思考和研究。

总之，中国式乡村治理现代化还在路上，需要我们继续从理论和实践的层面进行双向探索。

作者：王红艳，中国社会科学院政治学研究所国家治理研究室（北京市，100732）

"结构—功能"视域下乡村公共治理的现实难题

左 停

本文讨论乡村治理这一议题的缘起，既是对现实问题的发现，也是对国家政策的思考，还是对现行涉农管理框架的反思。我们在长期下乡调研中发现乡村管理干部对于乡村工作感到迷茫——地方干部不知道该做什么，或者是不清楚有些做法对不对，也不知道该怎么改进，不论是乡村干部还是农业局的干部，许多人都感到迷茫、陷入行动困境。从国家政策层面的大背景来看，尽管已经提出来国家治理体系和治理能力现代化，但就乡村公共治理现状来看距离该目标仍然很远，这也是我们农业农村现代化的短板，需要进行系统性的反思。

现行的涉农管理框架，仍具有明显的三个痕迹，这里的"痕迹"我将其作为负面的词来看待：其一，是历史传统的农业社会的痕迹，不同的乡村，不同文化下治理的结果差别很大；其二，是农民公社制度下的村社治理痕迹，尽管乡村已经发生很大的变化，但至少在村社一级还是存在公社制度遗留下的问题；其三，是计划经济的痕迹。就现状而言，如果我们要讲现代化，对立面就是传统，而以上所言仍是需要面对的问题，也是乡村治理的难点所在。

一 乡村及涉农公共治理四个发展阶段

乡村公共治理包括乡镇和村社两个层次的公共治理。新中国成立以来我国乡村形成了中国特色的乡村治理体系，但这一体系是不断变化的，乡村治理体系变化的一个主要线索，是乡村"结构—功能"体系的演变。本文以"结构—功能"体系为视角对乡村公共治理（包括涉农公共治理）进行梳理，重点讨论乡村公共治理的任务主体、目标客体及相互协调等方面的内容，提出未来乡村公共治理需要注意的内容。

新中国成立以来，我国农村经历了从人民公社体制到社会主义市场经济体制的转变，村社治理制度背景演变总体上经历了四个发展阶段，在这四个阶段中乡村公共治理的制度背景、治理主体、治理任务以及治理形态等都处于不断变迁之中，在每一阶段公共治理主—客体结构和功能任务都有其特点。

第一阶段是1949~1981年，总体属于人民公社阶段。这一阶段从结构上看乡村治理体系就是"三级所有、队为基础"的政社合一治理体制，人民公社结构体是为了支持国家的工业化而产生，其功能以简单的农业生产管理为主，而其产生与功能就反映出了"结构—功能"之间的关系。虽然这个制度已经画上句号，但仍留下许多痕迹。

第二阶段是1982~2002年，村民自治制度成为村社的基本治理制度。这一阶段要解决的问题是让农民自己养活自己，因此催生了家庭联产承包责任制、村民自治。在这一过程中尽管提出了"统分结合"双层经营体系的概念，但生产或治理单位基本上以家庭为主，因此实际上就是一个集体在分化的过程。该阶段，从财政角度而言，人民公社体制的影响没有完全消失，村民仍然需要自己筹资解决乡村的一些公共服务的问题，给农民带来的负担变重，以致出现了"三农"问题。

第三阶段是2003~2012年，属于农村公共财政建设时期。该阶段，乡村治理开始逐渐被看成国家正式治理的一个部分。过去城市由国家管、农村由农民自己管的误解开始被纠正，因此基本公共服务均等化、公共财政等概念被相继提出。在这一阶段国家治理开始逐步介入农村，但并未以强力介入，而是以公共财政介入为主。但由于城镇化的发展，这一阶段意外的问题是农村空心化、城乡人口流动，进而造成村社治理能力弱化等。

第四阶段是2013年之后，属于以脱贫攻坚、乡村振兴为标志的国家全面介入阶段。为了解决村社治理的弱化问题，同时也是为了实现国家的乡村治理目标，国家主体在不断强化，此时国家的介入是超强的介入，第一书记、驻村干部等起到了更大的作用。但同时，也出现几个新的重要的问题，如行政成本过高、治理主体疲态和治理方式内卷化。这个阶段各地也探索了不同的多样化的乡村公共治理模式，但乡村公共管理的结构仍在转型中、并未定型。

二 乡村涉农公共管理功能目标的多样化

现阶段，随着社会主义市场经济的快速发展和新型城镇化的深入推进，涉农公共治理行为主体和任务目标正逐渐多元化、复杂化。乡村涉农公共管理在功能上呈现多样化特征。从宏观看，在政治愿景视角下，乡村振兴是总抓手，现代化是路径，共同富裕是目标。村级组织是落实乡村振兴政策、就近就便提供公共服务、化解基层矛盾的关键载体，要优化村社本级治理体系，加强村社治理能力建设，将制度优势转化为治理效能。从中观看，在行政管理的视角下，涉农公共管理的功能是达成多目标，但实际上基层的现实矛盾较为突出，比如到底是乡村振兴局还是农业农村局负责乡村建设；比如农业农村局管不了农村的许多涉农事务，但是农业法又规定由农业行政主管部门管理。同时，多目标冲突下的管理难度较大，比如在同时涉及土地利用、种子管理、水资源、经营权、生产残余与排放、标准化与职业化等复杂问题时，目标之间往往是冲突的、不一致的。从微观看，在生产经营的角度下，涉农公共管理的功能即使全面彰显或者实现乡村价值，但价值的归属也不一样，不同价值之间的关系既可以是相加、相乘，也可以是除法、替代关系。因此，从宏观、中观、微观不同视角看，不同主体的利益是不一致的。

三 乡村涉农公共管理对象（客体）的复杂化

一方面，传统的乡村治理对象的异质性加强；另一方面，新的不同的利益相关者出现，乡村涉农公共管理对象，即客体也呈现新的特点。首先，在乡村治理体系中，村社既是主体也是客体。但从治理乡村的角度来看，村社主要为公共行政的客体，但就村社到底是村还是社的问题，不同视角有不同的探索。在中国北方地区，村民较为聚居，"村"的概念在北方可以应用；但对中国南方地区来说，村民较为散居，"村"的概念就相对大得多。而"社"更多地指文化共同体；反观村一级，因其并非熟人社会故无法成为共同体概念。从另一个角度讲，行政管理对象还有可能是承包户。当农民的土地出现了纠纷或是出现不适当的经营行为时，政府应该问责的是承包农民还是集体经济组织，这是不确定的。同时，"户"的概念也不完全恰当，"户"并非民法概念上的"户"，在民法上"户"更多强调的是自然人的作用，而在涉农治理中到底是自然人还是户承担责任？"户"本来应该是一个社会性概念，但仍存在很多法律纠纷，比如户主在协议上签了字，但是家庭成员并不认账，因此到底管理对象是以经营个人为主，还是以户为主？仍然是一个重要问题。其次，传统主体的变化也带来了客体的变化。一方面，传统主体在变化，呈现一人多身份的特征，表现出户籍权、自治组织成员权、集体经济组织成员权、居住权等四种身份分离的状态。村民不再像过去一样是同质化的，反而差异很大，每个人的存在的社会市场不都是一样的。最后，当前不断出现的新市场主体在介入涉农治理，对其管理方式到底是参照城市进行属地管理，即乡村所有居住人归村民委员会管，还是由其他主体或是依其他方式管理，也仍然无法定夺。

四　乡村公共管理主体的协调整合难度大

从乡村涉农公共管理主体的特点来看，首先是从农业农村部门为主转向多部门，比如农业农村部门、自然资源部门、生态环境部门、市场管理部门、卫生健康部门等各管各事，但也就因此出现了九龙治水、多头管理、重复管理、管理空白等问题，形成一个部门说了不算或是多个部门说了也不算的尴尬境地，部门与部门之间的矛盾很大。其次，乡村社会在地域、文化、传统及经济状况等诸多方面存在较大差异性和异质性，主体的管理许可行为在不同时间、不同地区间差异较大，无法为涉农治理提供稳定的预期。再次，主体的工具措施创新不足、地方适应性不强，就目前来看，主要是以运动型、强制手段来进行涉农治理，以保证对乡村治理的主动权以及社会资源的提取，在这种格局下，国家强制力掌握着主动权。最后，基层管理主体治理存在碎片化问题，因部门壁垒、责权安排欠科学等因素存在，他们在管理执行工作的具体过程中暴露出缺位、越位、交错等弊端，造成一种行政低效状态，因此基层管理主体的作用如何能够有效发挥是最大的难点。

五　结语

尽管农业农村发展取得很大成绩，但乡村涉农公共治理也显现出许多前所未有的发展中的问题，如成本—效能不平衡、法治化水平低、缺少稳定预期、大量地采取超常规的措施、城乡二元下的农民问题没有根本解决等等。归根结底，这些问题反映出乡村涉农公共管理的结构与功能不协调的问题。因此，乡村公共治理的解决方案到底是现实问题导向的以结构定功能，比如以清单制进行治理功能界定？还是目标导向的以功能定结构，比如通过超常措施的常态化或结构再造手段进行治理？总的来说，涉农公共管理的制度尚未定型，当然由于中国的地方差异性、复杂性，它也难以在短时间内定型，需要在国家统一性普遍性、地方乡土差异性之间，在传统、现代化之间找到平衡。而这一平衡的实现，仍需要学界、业界共同研究探索创新。

作者：左停，中国农业大学国家乡村振兴研究院、人文与发展学院（北京市，100083）

推进城乡要素市场化治理的"成渝实践"

廖祖君

要素市场化治理是指以市场化手段推进要素配置。研究这一主题基于两个方面的考量：一方面，当前我国城乡融合发展已经进入窗口期和深化阶段，在这个阶段城乡关系改革的瓶颈和矛盾集中于要素，关键在于城乡要素有效治理和合理流动的问题，以要素为主线推进城乡融合发展具有紧迫性。另一方面，选择对成都和重庆的城乡融合发展和要素市场化治理的做法和经验进行研究，并总结提出"成渝实践"，主要是基于成都和重庆在2007年被国家批准为城乡统筹改革综合配套试验区，12年后的2019年成都西部片区和重庆西部片区又同时被国家批准为城乡融合发展试验区，成渝地区城乡关系的重塑创造了很多鲜活经验，可以为全国甚至全世界城乡关系发展提供有益的经验借鉴。

一 城乡要素市场化治理的重要价值

首先，城乡要素市场化治理是促进居民共同富裕的坚实保障。实现居民共同富裕，关键在于让乡村的劳动力、土地等各类资源要素都能以市场均衡价格获得回报，而资源要素的市场化配置是农民获取合理收入的坚实保障。

其次，资源要素市场化配置是破解城乡二元结构的关键手段。推动劳动力、资本、企业家才能等资源要素的市场化配置，以此实现资源要素在城乡空间之间配置最优化，从而促进城乡二元经济结构转型。

最后，资源要素市场化配置是缩小城乡发展差距的必由之路。只有当城乡要素自由流动时，各经济主体才能根据要素回报率的高低进行资源配置，从而让来自农业部门和非农部门的要素边际收益趋同、从业人员的人均收入趋同。

二 城乡要素市场化治理的"成渝实践"

一是深化农村产权制度改革，推动城乡土地要素市场化配置。比如，成都在2008年建立了全国首个综合性的农村产权交易市场——成都农村产权交易所，不仅在成都市范围内运行，还在全省其他城市也设立了分所，把产权交易的辐射效应放大到了全省。重庆也在2008年成立农村土地交易所，开展土地实物交易和指标交易试验（地票交易），地票改革在城镇建设用地增加与农村建设用地减少之间建立了市场调节机制，激励农村闲置、废弃建设用地复垦，建立城市反哺农村的渠道。

二是逐步取消城乡户籍制度，推动城乡劳动力市场化配置。成都在全国率先推行城乡统一户籍制度改革，制定出台人才新政12条，确立了条件入户和积分入户双轨并行的户籍政策体系，深入实施"蓉漂计划"，注重引入以农业转移人口为主体的技能人才，实现农村人口城镇租房落户"零门槛"。重庆出台了《重庆市政府关于进一步推进户籍制度改革的实施意见》等文件，将全市城乡居民统一登记为"居民户口"，逐步取消了与户口性质挂钩的政策标准设置，建立起城乡统一的社会保障和公共服务制度体系。

三是加快农村金融体系改革，推动城乡资本市场化配置。成都一个比较重要的经验就是建立了政府引导市场运作的农贷通金融服务平台，这个平台把农业农村发展的金融需求和金融供给集中在一个平台上，通过线上线下交易所的方式，提高了金融供需配置的效率。重庆引导银行、担保和保险等金融机构共同形成金融分担风险模式，并为农业农村发展提供"两权"反担保融资、"两权"与其他产权"混合"融资、"农房抵押+保证保险"等多种金融产品。

三 "成渝实践"的主要经验

一是坚持农村产权制度改革、户籍制度改革、农村金融体制改革协同推进的市场化思路。城乡二元结构改革是相互联系的，比如在开展户籍制度改革的同时，还要考虑农村产权制度改革，如果在农村的权益没有得到保障，农业转移人口是不愿意主动市民化、真正融入城市的。成都和重庆的经验是以农村土地制度改革为突破口，形成农村产权制度改革、户籍制度改革和农村金融体制改革协同推进的市场化的思路。

二是坚持"资源资产化—资产股权化—股权金融化"的市场化策略。成渝两地都将盘活乡村资源要素作为城乡融合发展的关键，积极推动乡村土地集中整治、乡村居民集中居住、基础设施全面通达、人居环境整体改善、生态环境系统保护等基础性工作，盘活山林水田、土地房屋等闲置资产，使之在流动中实现价值。

三是坚持"政府搭台—企业唱戏—集体作角—农民入戏"的市场化机制。成渝两地政府需要在产权界定、产权配置、交易平台搭建、交易规则制定、信用担保、财政支持等方面大胆创新，引导社会资本与农村集体经济彼此合作，同时确保农民作为主体参与其中，分享城乡资源优化配置的红利。

四 推进城乡要素市场化治理的建议

一是加快推进农村土地制度改革，探索建立城乡一体的建设用地市场，把建设用地资源用活，创新灵活的产业用地方式，盘活低效低质的存量用地。二是畅通城乡劳动力和人才的流动机制，包括持续深化户籍制度改革，健全农业转型人口市民化机制，建立人才双向流动机制等。三是建立城乡一体的金融服务体系，包括要打造农村金融平台和服务产品，完善农村金融风险防范处置机制。

作者：廖祖君，四川省社会科学院区域经济研究所（成都市，610071）

统合式治理：村社再组织化的一种途径

陆汉文

改革开放以来，中国农村推行以家庭承包经营为基础、统分结合的双层经营体制。前一阶段，这一体制主要通过"分"的一面，解放人民公社体制对农业生产经营和农村劳动力的束缚，促进农业生产率提高和农村劳动力转移就业，找到了解决当时乡村最根本问题即贫穷问题的有效途径。经过40多年，"分"的红利已经充分释放，"分"的不足也逐渐凸显出来，包括难以适应农业现代化需要、难以应对乡村公共物品供给及共同体建设等方面日益增长的需求等。如何在家庭承包经营责任制的基础上，更好地发挥"统"的作用，成为当前农村改革发展实践中值得探索的一个重大课题。

本文以太行山腹地河北省L村为例，揭示全面推进乡村振兴大背景下，基于国家相关政策措施及地方党委政府的引导，农村所浮现出的"由分到统"再组织化新趋势，并简要触及其内在逻辑。

一 案例介绍

L村拥有耕地9872亩，其中水浇地7125亩，属于农业大村。2023年，全村共649户2413人,其中中共党员77名。该村一直有崇军、尚军、拥军的优良传统,村中现有退役军人52人,其中退役军人党员26人。跟其他很多村庄一样,L村长期面临产业单一、经营分散、公共事务无人管、群众动员难度大等问题。为突破这种局面,上级党委立足L村"退役军人多、退役军人党员多"的村情,将建强基层党组织作为突破口,将选育兵支书、打造老兵支部作为建强基层党组织的抓手,培养并鼓励退役军人党员参加2021年村党支部换届竞选。经"两推一选"选举程序,5名有威望、有魄力、有干劲的退役军人党员组成村党支部,当地人形象地称之为"老兵支部"。

老兵支部从四个方面推进该村发展并取得突出成效。一是规范支部建设,推进"四化一评"。包括:组织建设精细化;日常管理制度化;党员培训多样化;强化年终考评。二是聚焦产业发展。2021年村"两委"班子联合7名退伍军人党员共同创办退役军人创新创业产业园,同时注册成立种植专业合作社,在村庄内部实行"党支部+龙头企业+合作社+农户"的联农带农模式,通过支部领办和党员带头带动群众参与,最终达到资源共享,促进农户与村集体经济共同发展。三是改善社区管理与服务。推行"党建+排班制"模式,将全村划分为12个排、36个班,每排50户左右,每班15户左右,班、排领导人由党员、退伍军人、村民代表担任,将党小组设在班、排。各班长、排长每月入户遍访,及时收集、排查、解决村民的急事、难事、烦心事,全方位、全天候服务群众。四是做好文化传承与思想引领。以当地非物质文化遗产皮影戏为载体,推进传统文化、红色文化、军旅文化相融合,丰富村民精神生活,提升其政治觉悟。至2023年底,老兵支部已经成功带领L村实现基层党建、经济发展、社会文化建设等方面翻天覆地的变化,全村呈现紧密型共同体的崭新风貌。

二 案例背后的农村发展大势

如何认识L村在老兵支部带领下发生的深刻变化?笔者认为需结合中国

农村当前三方面的大趋势、大格局来看。一是农村人口变化趋势。在农村土地集体所有制基础上，很多村庄未来将以老年人等脆弱人群为主，青壮年在外务工，学龄儿童在外上学。老年群体对养老和社会交往、文化生活等方面的需求将日益凸显，但他们投身农业现代化的能力非常有限。二是农业农村发展趋势。在推动高质量发展宏观背景下，推动提高农业生产效率、保护生态环境、增强保障粮食安全、生态安全、文化传承等方面功能将显得越来越重要。这些主要靠新型经营主体、基层组织和国家投入来解决。三是国家对"三农"工作的重视程度。国家把实施乡村振兴战略作为新时代"三农"工作总抓手，将"三农"工作作为社会稳定和国家安全的基石，投入大量资源，缩小城乡差距，推进共同富裕。

在这种大趋势大格局下，缺乏有效统合机制的家庭承包经营制度很难适应推进乡村振兴和农业农村现代化的需要。

三　治理资源视角下的再组织化模式

L村案例的重要价值在于，它揭示了农村发展新形势新格局下村社有效统合和再组织化的典型模式。这是一种可成功整合各类治理资源因而具有较强内生动力的治理模式。

村社治理资源主要包括土地、资金、人才和合法性。农村土地在空间上不可移动，也难以增加数量，土地资源的经济价值主要受其相关权属的可交易性及市场需求影响。农村发展资金主要来源于政府和市场，其中基础设施、公共服务等方面资金主要依赖公共财政。村社治理人才（村"两委"及相关公共治理人才）主要来源于具有较丰富人力资源的村社居民（如返乡创业人员、退伍军人、返乡大学生等），其供给取决于村社治理岗位的吸引力，包括政治地位、成就感、收入等。合法性包括两方面含义，一是国家认可与支持，主要是须与中国特色社会主义政治体制和国家治理体制相一致，这是国家层面的合法性；二是村社居民的认同，这是社会层面的合法性。

村社治理资源从哪里来？有多少？这些问题的答案大致决定了村社治理的发展方向。从前述三方面大趋势可见，我国大多数村社未来治理资源的首要来源是国家，包括合法性、财政资金、农村集体土地产权制度安排等（这里将少数集体经济比较发达的村社排除在讨论之外）。国家提供资源的方式具有自上而下、行政化、统一性等特征，并通常伴随着相应的绩效评价。由此观之，L村找到了三大趋势下中国农村村社治理的有效途径，因为它较好地嵌入自上而下、行政化、统一性国家治理机制，能够有效对接未来村社治理资源供给的主渠道。笔者把这种治理模式称为"统合式治理"，即以丰富的治理资源为支撑，在自上而下资源供给及绩效评价机制下，由具有较强行为能力的村"两委"（治理团队）将村社政治、经济、社会、文化等各方面事务统一起来，面向以老年人为主体的村社居民提供全方位服务并实施一体化治理。这是适应中国国家治理体制和农村变动趋势的一种再组织化的典型模式，随着时间的推移将会以各种具体形态出现于神州大地。在这种模式的未来实践中，保障并发挥好村社居民的主体地位和能动性将是需要着力完成的一个重要任务，也是其长期成功运行的关键。

作者：陆汉文，华中师范大学乡村振兴研究院（武汉市，430079）

重新定义乡村

赵光远

在推进乡村治理体系和治理能力现代化的背景下，乡村的定义是否准确关系着治理的边界是否清晰、治理的目标是否合理、治理的手段是否有效。

为此，结合对不同地区乡村状况的考察，结合对不同时代乡村演进的思考，本人选择了"重新定义乡村"这样一个题目，希望为学界同人带来一些启发和思考。

一 为什么要谈重新定义乡村问题

《中华人民共和国乡村振兴促进法》对乡村的定义难以满足治理的需要，该法规定乡村"是指城市建成区以外具有自然、社会、经济特征和生产、生活、生态、文化等多重功能的地域综合体，包括乡镇和村庄等"，可以说这是一个基于外在表现形式的、具有泛在意义的概念，是一个基于城市中心主义的、忽略乡村自我演化的概念，也在一定程度上与沿海发达省区从乡村到城镇再到城市的实践有所偏离。

从马克思主义运动观来看，伴随着生产力的提升，乡村的内涵是在不断运动和变化着的，当前阶段的乡村不能再用工业时代及其以前的"以从事农业活动的农业人口为主的聚落"来简单定义了，需要面向未来、把握乡村演变的趋势去进行定义，需要立足当前国内乡村规模和形态的巨大差异去进行定义，需要强化美好生活、认清乡村发展的多重约束去进行定义，更关键的是要站在村民视角、体现村里人的主体性去进行定义。

也可以说，我们要基于乡村的内涵、基于村民的视角、基于学术的追求去定义当前阶段和未来一个时期的乡村，并通过这样的定义确定乡村的边界，才能让乡村治理更加有效、让乡村振兴更可持续。

二 能否通过职能或功能定义乡村

对传统的乡村或者说工业时代及其以前的乡村的确可以用"农业为主"这样的职能或功能进行限定。然而，今天的乡村未必如此，有的"一村一品"，有的"电商带动"，有的"文创赋能"，有的"康养休闲"，有的"三产融合"……乡村的多样性或者多元性早已超出人们的认知，经济越发达地区的乡村，其多样性就越充分，互相之间的互补性或者可合作性越强，进而乡村的包容性、可持续性就越有保障。

从一定意义上讲，经济发达地区的乡村已经形成或正在形成一个具有自我强化性、自我协调性、自我成长性的，面对所在区域的城市具有一定议价能力的社会网络，很难根据其经济性质、产业特色来进行定义，同时由于城乡之间、村村之间的流动性，也很难根据其功能进行定义。

跨出经济发达地区，再从全国范围来看，有的乡村数字化水平很高，有的乡村刚脱离贫困，有的地方老龄化严重，有的乡村仍在孤立发展，有的乡村已经迈开国际化步伐，有的乡村还没有自己的功能定位。可见，乡村经济发展水平的多样性、社会发展水平的多元性、人口素质结构的多层性等特征，决定了我们既不能简单通过单项职能或功能，也不能简单地用多重功能综合体来定义乡村。

三 能否通过核心人群来定义乡村

这里涉及乡村是"谁的乡村"的问题。传统意义上的乡村可以被视为"亲者的乡村"，特别是村社一级的居民上查五代八代可能都具有亲戚关系或者血脉联系，这也是很多村庄用姓氏命名的原因。在"亲者的乡村"基础上，基于历史上出于各种原因的人口流动，村庄容纳了很多外来居民并常住之，形成了本姓与外姓共同生活的"居者的乡村"。

近年来，一部分发达地区乡村中又多了很多暂住人口，包括创业型人口、康养型人口等，形成了本姓、外姓、暂住多类型人口共生的"共有的乡村"。在这样的乡村演进过程中，核心人群是在发展变化的，这也决定了如果面向未来进行思考，很难用固定的核心人群来定义乡村。

从要素拥有者这个角度看也很难以人群来定义乡村，如资本的乡村还是劳动的乡村涉及乡村的根本属性问题，数字的乡村还是现实的乡村涉及乡村的物理体验问题，创新的乡村还是守旧的乡村涉及乡村的文化传承问题，等等。不同乡村的要素需求是有差异的，如何确保关键要素拥有者在乡村中的行为边界并进而确保乡村是乡民的乡村是一个极为重要的课题，这也是从人的角度、从要素拥有者的角度来定义乡村的难点所在。

四 如何统筹不同阶段的乡村定义

乡村是一个既有时间特征又有空间特征的概念。必须看到乡村是具有成长性的，以深圳这样的一线城市在40余年前也是小渔村为例，甚至可以说"乡村是城市之母"。当然我们也要看到随着交通通信设施的升级和人员流动能力的增强，也有很多偏远村社走向了消亡。在我国广大的地域上，广泛分布着处于农业时代、工业时代、信息时代、生态时代等不同发展阶段的村庄，不同发展阶段的村庄与周边城市、乡镇经济体也产生了不同的互动关系，进而导致即使处于相同发展阶段的村庄也走出了不同的发展路径。我们在看到2017年以来实施的乡村振兴战略的确改变了一部分村庄的"消亡"趋势的同时，更要看到我们基于工业化时代乃至后工业化时代的政策思维很难挽救所有走向"消亡"的村庄。

这也意味着，我们仍要从村庄存在的内涵出发来重新定义乡村，要跨越从农业时代到数字时代所有阶段来重新审视乡村，要摆脱自上而下的思维定式融入村中来重新认识乡村。也许只有围绕"生产力—生产关系"这一本质组合、把握"人—自然"这一特定关系、厘清"物质自由—精神自由"这一深层关系，才能找到乡村的本质特征，概括出可以跨越发展阶段的乡村定义。

五 到哪里寻找真正意义上的乡村

现在的乡村调研大多选择的是传统特征较显著的乡村或者实践经验较独

特的乡村,但同时大多时候也是法律意义上的乡村,或者说是空间意义上的乡村,但是文化意义上的乡村呢?情感意义上的乡村呢?基于人的意义上的乡村呢?一种情况是,有的村庄在空间意义或者法律意义上的消亡,不意味着这个村庄不存在于某一类人的记忆中,也不意味着这个村庄在若干年后就不能复兴。

在我们用行政思维或者法律思维约束乡村时,实际上也忽略了村庄的自然属性和情感属性,甚至可以说是断绝了一部分乡村在凋亡后再次复兴的道路。另一种情况是,现实中在城乡融合区域存在乡村识别问题,特别是在城市建成区的边界附近,有的地方是"乡村的空间、城里的人",有的地方是"城市的空间、村里的人",如何划定城乡边界也是与科学治理、精准治理密切相关的事情。

还有一种情况则是前几年很多地方假借某些特定名义消灭乡村特有标志符号,在一定程度上导致了"千村一面"现象,这个情况近年来有所改观,但是也让我们这些外来的调研者很难确定何为乡村。也许只有基于乡风、乡音、乡色、乡水、乡林、乡人、乡情,才能定义出哪里才是真乡村。

六 哪个定义更加接近真正的乡村

从前文所叙似乎可见这样几个观点:乡民认同之处所为乡村、直面自然之聚落为乡村、心灵自由之郊野为乡村、乡风乡音乡色乡水乡林乡人乡情融合为乡村等。抑或从其他方面看,如以农业为主的地方是乡村、人群密度较小的区域为乡村、劳动生产率较低的为乡村、保留文化原生态的生活区域为乡村等。可以说这些提法都有道理,但又都不尽然。

同时也要看到,我们正处在一个"多元化+多样化"发展的新时代,对于个体性的乡村和群体性的乡村的定义亟待厘清和明确;我们正处在一个"数字化+个性化"发展的新时代,对于乡村的定义一定要把握乡村居民及其群体的概念认同和价值认同;我们正处在一个"大变局+大系统"发展的新时代，对于乡村的定义一定要把握未来趋势及其未来功能。

不否定现行法律确定的乡村定义，但从学者的使命看，需要推进乡村定义向前发展，需要推进乡村定义的中国化进程，需要让乡村定义与新时代人民群众的需要及感受相契合。从过去的历史看，乡村已经完成从自然生长的乡村、附属城镇的乡村、趋于凋敝的乡村到再现复兴的乡村的演进，浙江等发达省区已经开始面向生态健康的乡村再到未来智能乡村的探索。可以说，我们的实践和马克思所预测的未来社会发展趋势具有很强的一致性，新时代的乡村乃至未来的乡村必将逐步发展成为《共产党宣言》里所描述的"每个人自由发展"与"一切人自由发展"和谐共生的生态空间。

作者：赵光远，吉林省社会科学院农村发展研究所（长春市，130033）

空间社会学理论视域下的乡村治理

吴宗友

当下在快速城镇化的乡村地区——比如都市周边的乡村以及文旅产业迅速发展的村镇等，空间发生了深刻变迁并进而促使一系列社会关系与利益的重组，促使这类乡村面临着传统治理失效的严峻挑战。因此，走出一条接地气的治理新路，就成为美好乡村建设的重要举措。人的现实存在表现为时间性的生命长度和空间性的活动宽度之统一。空间既包括物质性的地理空间，也包括依托物理空间载体而经由人们日常社会交往建构起来的社会空间，由共享的历史过程建构而成的文化空间，由社会认同等心理活动所形塑的心理空间；此外，在信息技术飞速发展的当下还有一个特别重要的网络空间，它无处不在地嵌入各种空间，借由行动主体将在场与缺场空间联结成一个巨系统。

从空间角度来审视，传统上的乡村治理是将空间场域视作治理背景，关注人们在既定空间范围内的社会行动，包括社会交往、利益交换、权力运行、社会分层、社会冲突等问题。但是，如果我们将空间理解为一系列社会活动的展开过程及其"产品"的话（即列斐弗尔所说的"空间生产"），那么空间就是人们的利益载体、权力形式和生活世界本身。循此思之，在那些现代化快速推进的乡村地区，既然空间被大规模重组，社会关系、利益格局发生了结构性调整，就亟须将传统的乡村治理模式向空间治理范式适时转换。

同时，伴随着城乡关系在社会（尤其是网络社会）高速流动下的深刻转型，这类乡村地区的社会生态发生了剧变，传统房舍被推倒重建，村落外观上呈现为经过规划而建构起来的整齐划一、高度秩序化的空间形态；在其内部，流动空间深度嵌入并解构了传统静态的地方空间，原先同质化的熟人情境正在向分异化的社会空间转变，村落社会由稳定性、确定性转向流变性和不确定性。

这种变化催生了新乡村社会显著的空间张力，集中表现如下。

一是文化空间的"资本性"与"制度性"。文化空间不仅事实上承载着乡村居民的情感和记忆，而且维系着文化结构和文化关系的生产和再生产。在乡村新空间的生产过程中，传统内生的乡土文化经由资本的介入而衍生为商业化和制度化的文化资源，弱化了个体的文化认同，却强化了空间规训。

二是心理空间的"两栖感"和"迷茫感"。心理空间反映的是个体情感和意识对外部生存空间和生命体验的投射。乡村新空间生产正在瓦解乡村居民基于地方性经验形成的地方性认知和社会认同，造成村民心理空间的内在张力。比如，"我是谁（是城里人还是乡下人）"的"两栖"焦虑、"我与谁"的认同迷茫。

三是关系空间的"区隔性"和"秒抛性"。关系空间是指人们通过社会交往所形成的一种社会空间。在城市化显著的乡村地区，村落人群由单一本地村民转变为包括本地村民和外来人口的新共同体，其内部新的社会边界正在生成。同时在缺场交往的网络空间中，个体经常突然出现又迅速消失在不同的陌生人世界中，这种人际关系是一种脱域式陪伴，抽离了传统人际交往的物理空间和社会约束，增加了人际关系"秒抛性"，那些看似亲密无间的缺场交往实则隐含着无限疏远且缺乏责任约束的社会关系。

四是邻里空间的"聚合"与"抽离"。楼栋的居住形态增加了邻里交往的物理密度，但破坏了昔日邻里间的有机联系。在快速城镇化的乡村地区，楼栋空间不断生产和再生产着布迪厄所言的区隔，强化着个体对邻里空间的边界意识，"形聚"而"神散"，邻里区隔建构了彼此间社会抽离式的"自我—他者"结构。

因应上述张力的新乡村空间治理范式强调，空间自身内蕴着社会治理属性。传统治理面对的是封闭性、稳定性的乡土社会，而空间治理则立足于流动性和不确定性日渐增加的新乡村社会。前者治理基础是人口相对稳定、空间相对不变的熟人关系，治理对象是静态的地域性社会；而后者治理基础则是人口流动和空间变迁所导致的多元化的陌生或半陌生关系，以及空间重组引发的利益分化，治理对象不仅包括地域性社会，还包括流动性场域及流动人口；前者的叙事背景是城乡二元对立，后者则是城乡一体化或城乡融合发展。

在如此理论视域下，乡村的空间治理作为一个系统性工程，贯穿空间规划、空间生产以及人们空间行动的全过程，首先要尊重地方性空间的特殊性尤其是共享的历史记忆及其衍生的情感认同，同时有机嵌入适应现代化发展所必需的制度理性、价值观念和行为规范，防范资本对乡村进行过度的商业化开发。比如在城郊结合带的许多乡村，为了吸引都市人群前来开展农耕文化及乡风民俗类的体验式旅游，盲目地建设各种各样"不土不洋"的农村休闲产业园，乡村被生硬地楔入一块块似是而非的表演化的另类空间——实际上成为城市餐饮业的乡村"飞地"。这些地方的村民闭上眼睛能够清晰地描绘出曾经的房前屋后、村路溪桥的地景风物，但是直面这类新空间时却难寻记忆中熟悉的家园，"乡愁"成为未曾离乡的他们挥之不去的情感。同样，在那些文旅资源富集且远离大都市的乡村地区，因为过度开发，村民对于政府和资本都怀有某种意义上的深深疏离感，因为这样的现代化乡村不是他们想要的真正的家园。因此，我们不能搞千村一貌的空间开发，不应让资本完全主导乡村振兴，而是要让乡村因地制宜，尽可能地保留维系地方性精神和集体记忆的标志性地理空间或空间符号，使新乡村既具有鲜活的现代性又充盈着传统乡村特具的灵性之美。同时，新乡村的空间规划和生产也要充分尊重乡村生活习惯和生产需求，便于乡村居民在新空间顺利建构归属感和依存感，更好地实现新乡村社会心理空间的融合。另外，地方政府要作为新乡村空间正义的主要保护者，应促使市场资本的利益诉求与美丽乡村的价值追求找到最佳平衡点，维护乡村空间生产的正义性。

其次，新乡村的空间治理范式，应充分激活文化空间的乡土活力和文化创造的自主性，积极推进乡村的文化治理。今天多位专家均谈到了乡村文化治理问题，可见大家对此有高度的共识。如果曾经鲜活的风土人情、人际互动被现代性肆意地嵌入，乡村就一定会失去原生文化，失去生命活力的根基。这是新乡村文化治理要深刻思考的问题。因此，空间治理范式下的新乡村建设必须有效地维护文化空间的连续性和文化发展的可持续性，防范急功近利的短期开发行为造成乡村文化空间的历史性断裂和原真性丧失，防止出现作为文化主体的乡村居民被排挤出乡村文化实践的情况。政府、文化机构和社会精英可通过培育、支持乡村文化骨干和专业人士的方式，唤起乡村居民的文化共同体意识，激活其文化建设的主体性和创造性，营造可感、可观的文化氛围，再造地方自信，弘扬文化特色，实现新乡村文化空间、精神空间、情感依恋和价值认同的有效衔接。

最后，乡村的空间治理需整合本乡与异地、在场与缺场等多重空间的治理资源，重构新乡村的社会关系网络。随着改革开放以后的"教育移民"以及市场经济的发展，乡村走出很多社会精英，分布在全国各地甚至世界各地。这些身处异地的"乡贤"可以通过网络空间与故乡进行即时性的在场交往，利用他们丰沛的资源反哺乡村，参与乡村建设和乡村治理。这是信息技术飞速发展时代新乡村空间治理的重要创新。安徽省黄山市徽州区有一个著名的古村落——西溪南镇。该镇就有 82 位来自深圳、广州、上海、台湾、澳门、香港等地区的新乡贤，其中一位台湾人就告诉我，现在讨论乡村治理一定要关注"再下乡"现象对乡村治理现代化所具有的根本性意义，这对我思考新乡村治理问题具有极大的启发性。

总之，我们希望在新乡村空间治理范式下，能够真正实现乡村社会从静态的"空间中治理"到动态的"空间治理"之生动转型。

作者：吴宗友，安徽大学社会与政治学院、中国乡村振兴研究院（合肥市，230601）

乡村振兴是一次回乡赶考

张孝德

内容提要 在新时代背景下，中国共产党面对乡村全面振兴这一重大课题。乡村决定了中国的基本国情。作为中华民族伟大复兴的文明之根的乡村，蕴藏着中国未来的发展潜力，决定了乡村振兴是新时代一次对中国共产党的考试。如何认识乡村、如何解决好乡村问题，是对新时代中国共产党不忘初心、坚守本源的深刻检验，要坚决摒弃西式乡村发展模式，转而倡导农民返乡创业、乡贤反哺故土，构建具有中国特色的乡村振兴图景。驱动乡村全面振兴最根本的动力源自富含情感温度的良心，即全心全意服务于人民的根本宗旨。实现乡村全面振兴还要求智慧地把握并妥善处理道与术、实有与虚无、无为而治与有所作为之间的复杂关系，以此激活乡村振兴的内在活力与创新潜力。

关键词 乡村振兴 乡村治理 土地资源 人民 智慧

在中华人民共和国即将成立之际的1949年3月23日上午，中共中央机关和中国人民解放军总部由西柏坡出发进驻北平。在进京前，毛主席与周恩来有过一段对话，把当时进京看成一次赶考。当时毛主席说：我们决不当李自成，我们都希望考个好成绩。[1] 到今天为止的历史证明，中国共产党通过了进城赶考。

---

[1] 中共中央文献研究室编《毛泽东思想年编：1921~1975》，中央文献出版社，2011，第647页。

70多年前进城赶考是考什么，考的是党心。就是进城之后的中国共产党，不能忘记为人民服务的宗旨。在进京之前召开的党的七届二中全会上，毛主席提出的两个务必，就是为进城赶考出的考题。

如果说70多年前的赶考，是从农村到城里的赶考，那么70多年后的今天，在党的十九大提出乡村振兴战略、党的二十大提出走中国式新文明之路的大背景下，① 时代为当今中国又出了一道挑战性考题，这次赶考的考场，不在城市在乡村，所以可将其称为下乡赶考。

虽然时代变了，但是今天的中国所处的大环境与70多年前非常相似。70多年前，中国共产党进城，是经历了28年的革命、取得了新民主主义革命的巨大胜利、实现了中华民族独立的时代背景下，毛主席以高瞻远瞩的大智慧和冷静洞察力告诫全党：夺取全国胜利，这只是万里长征走完了第一步。所以向全党提出了两务必。②

经过40多年的改革开放，当今中国取得了巨大成就。当今中国成为世界上的制造业大国，是世界经济总量第二大国，成为城市化率达到60%以上的现代化国家。如果说70多年前，夺取全国的胜利，是万里长征走完了第一步，那么，取得改革开放巨大成就的当代中国，在中华民族伟大复兴道路上，同样是万里长征走完了第一步。因为，党的二十大提出走中国式现代化道路，这是一条前无古人的创新之路。如果说毛泽东领导新民主主义革命完成了建立一个独立的新中国的使命，邓小平领导中国改革开放，建立一个屹立于当今世界的富强的中国，那么以习近平同志为核心的党中央开启中国式现代化之路，则是要建立一个实现中华民族伟大复兴的能够为世界做贡献的文明的中国。

迈向中国式现代化道路的中国，就像当年进城中国共产党一样，同样面临着大变局、大转型、重建新文明的挑战与任务。在目前遇到的挑战与考验

---

① 习近平：《高举中国特色社会主义伟大旗帜　为全面建设社会主义现代化国家而团结奋斗——在中国共产党第二十次全国代表大会上的报告》，人民出版社，2022，第21～24页。

② 《毛泽东选集》（第四卷），人民出版社，1991，第1438～1439页。

中,难度最大、困难最多而且全局性影响最大的是乡村发展。为此习近平总书记在2021年中央农村工作会议上讲:"如期实现第一个百年奋斗目标并向第二个百年奋斗目标迈进,最艰巨最繁重的任务在农村,最广泛最深厚的基础在农村,最大的潜力和后劲也在农村。"①

乡村决定中国基本国情,是中华民族伟大复兴的文明之根,蕴藏着中国未来发展的潜力,所以说乡村振兴是新时代中国共产党的又一场考试。

70多年前进城赶考,考的是党心,今天的下乡赶考考的仍然是党心。具体来讲,如何认识乡村、如何解决好乡村问题是新时代对我们的初心、良心、慧心的考试与考验。

一 乡村振兴是新时代对不忘本初心的考验

党的十八大之后,中央就提出了在全党开展不忘初心的教育。② 随着时间的推移,人们越来越发现,不忘初心的教育,绝不是坐在办公室和教室里接受理论和概念教育。在当代中国,衡量初心是否未变的最大标志,是我们是否忘记了乡村。

乡村是中华文明之根、中国文化之源,是中国人的共同故乡,是中国革命发源地,也是中国革命与中国改革策源地,面对这样的乡村,我们不得不讲,忘记了乡村是最大的忘本。中国改革开放40多年取得的最大成就,就是初步建立一个世界第二经济体的经济强国,实现了从一个乡村主导的国家向城市主导的现代化国家转变,但为此付出的最大代价,是千年文明乡村面临凋零、萧条甚至濒临消亡的危机。

正是基于如此严峻的形势,党的十九大不仅提出实施乡村振兴战略,而

---

① 习近平:《论"三农"工作》,中央文献出版社,2022,第237页。
② 中共中央党史和文献研究院编《十九大以来重要文献选编(中)》,中央文献出版社,2021,第85~92页。

且将其定位于全党工作的重中之重。① 什么是重中之重，就是没有比这更重要的事，就是地方一把手要抓的大事，就是要成为每一个党员干部日思夜想的事；就是眼见乡村一天比一天凋零、濒临消亡的情景，就像我们看着父母重病在床，日不思食，夜不能眠。

然而，在有些地方的现实是，感觉不到有这种情况存在，不要说重中之重，在一些地方政府的心目中，连比较重要的位置都没有。大家还是在忙于招商引资、城市发展、GDP等那些事。在媒体上，频繁地看到许多地方一把手，为了地方的招商引资发狠话："谁动企业的位置，我就动他的位置"，② 听到有地方政府官员为房地产站台，鼓励农民进城买房。却很难听到这样的狠话，"谁敢损害农民的利益，我就动你的位置"，"谁敢拆掉乡村，我就拆你的房子"。

不仅听不到这样的狠话，看到的现实却是，目前各地出台的"十四五"规划中，其雄心勃勃的目标，仍然是如何提高城市化率。与此相对应的，乡村学校继续在拆并，虽然中央下令禁止拆并乡村，但许多地方暗度陈仓，以乡村整治、规划为名仍在搞拆并。表面看起来轰轰烈烈的乡村振兴的背后，是片面的为我所用的思维，利用乡村振兴的政策，谋算乡村的土地资源为城市化服务。利用乡村振兴，暗度陈仓谋算乡村仅有的土地资源，不仅有地方政府，还有不同利益集团组合，这些利益集团组合有主张私有化的专家学者提供理论支持、有逐利企业提供资本、有追求城市化率的地方政府提供政策，三种力量合谋形成了一个"大力推进"乡村振兴的集团，打着乡村振兴的旗号，正在向乡村进军。

在这样一种力量的作用下，乡村振兴正在演化为：几个试点的乡村振兴；极少数能够发展产业的乡村振兴；大部分乡村可能会因为不具备振兴条

---

① 习近平：《决胜全面建成小康社会　夺取新时代中国特色社会主义伟大胜利——在中国共产党第十九次全国代表大会上的报告》，人民出版社，2017，第32页。
② 路久宽、梁墨子：《以一座城市的名义向企业家致敬——齐齐哈尔市企业发展大会侧记》，《齐齐哈尔日报》2022年5月19日。

件，未来被视为自然死亡的乡村，然后名正言顺地被拆并。乡村振兴若按照这个逻辑走下去，未来能够留下的乡村将会很少，大部分乡村将会成为大部分农民回不去的乡村。他们的村庄将会成为资本投资乐园、新地主庄园、现代化的大农场。

这样的推理不是空穴来风，笔者频繁地看到许多地方政府出台的乡村振兴规划中，对建设美丽乡村的规划，就是要把当地的乡村建设成为庄园式乡村、花园式乡村、农场式乡村。要知道，这样的乡村已经不是中国式乡村，而是西方式乡村。因为从古希腊、古罗马一直到西欧中世纪的乡村，不是农民的乡村，而是奴隶的乡村、农奴的乡村，属于贵族和大地主领地的庄园乡村。所以从古希腊、古罗马到中世纪的乡村叫庄园。近代资产阶级革命之后，庄园里的农奴才变成了自由的农民，但在资产阶级革命之后的乡村也不是农民的乡村，而是逐步变成了资本控制的农场化乡村。

今天看到在一些专家学者与官员心目中，未来中国乡村的样子不是中国式的田园风光的乡村，诗意栖居的村庄，农民自治的家园，有中华民族共同信仰、共同精神家园的乡村，而是美国式的农场化农村、西欧式的庄园式农村、荷兰式的大花园的乡村。按照这样一种西方式乡村样式来搞乡村振兴，自然最需要的不是鼓励农民返乡、乡贤回乡，而是资本下乡、新地主回村。

这些现象离初心已经很远。乡村是考验初心的试金石，如果在乡村问题上，初心考试过不了关，乡村振兴就会向邪道上滑行，为此付出的代价是，失去的不仅仅是乡村，更是中华文明之根，是党心和民心。

二 乡村振兴的原动力是如何找回良心

初心源自良心。要找回初心，需要从找回良心开始。什么是良心，按照儒家经典，就是人性中本然具有的善良心性。朱熹《四书章句集注》讲：

"良心者，本然之善心。"① 孟子讲："恻隐之心人皆有之。"② 良心来自人性同情之心，是由此生发的孔子所讲的仁爱之心。

在看待人性问题时，形成了中西方不同的人性论。基于人之初性本善的性善论，形成了中国古代的德治文明。与此相对应，西方从人性本恶出发，形成了西方的法治文明。中国传统的德治，用道德与情理调节的是一种人与人之间有温度的亲情关系，现代西方的法治，用理性与法理调节的是一种人与人之间有距离的契约关系。

最近几十年，我国学习引进了西方的法治，这无可非议，随着中国从乡村主导的熟人社会向城市主导的陌生人社会的转变，需要导入适应于现代社会的法治。问题是在学习西方法治的同时，走向了极端，逐渐扔掉了传承几千年的德治。从某种程度上说，社会治理正陷入一个只认法理、不认情理，只认金钱、不讲良心，只讲权利、不讲道德的缺乏亲情温度、越来越冷漠、自私无情的困境。在疫情防控中集中暴露的一些民众抱怨的治理问题，就是值得反思的这种无情社会治理的问题。

在某种程度上可以说，传承千年、源自良心调节的社会治理与发展功能正在丧失。仅靠单极化的法治，伤害最大的是乡村和农民。中国乡村社会是一个基于人性本善的亲情互助的社会。目前，乡村流失的不仅仅是人，更是乡村社会善治的良心道德，修复乡村社会善治是乡村振兴的头等大事。不仅是乡村社会善治正在中断流失，最值得反思的是，一些地方政府在乡村振兴做法上，也严重缺乏基于良心的善治之心。也许有人认为不是这样，最近十多年来，政府为农村修路、发展产业、扶贫做了这么多事，难道这不是政府的善举吗？

对此的回答是，从结果看是善举，但从做这些事的初心看，不见得是善举。因为，判断善举的一个重要标准，是看出于什么样的心。最近十多年，为乡村确实做了大量的事，但做些事，是出自一个自以为感觉越来越好、越

---

① 朱熹：《四书章句集注》，中华书局，1983，第310页。
② 万丽华、蓝旭译注：《孟子》，中华书局，2006，第245页。

来越现代化的理性化政府的心。最近几十年搞市场经济、学习西方法治，一个最大进步就是学习了西方的理性，不可否认正是这种理性释放的力量，将中国导向了现代化轨道。

但为此付出的代价是，一些地方政府在越来越理性化的同时，越来越变成了缺乏温度、缺乏情感，只懂法理、不懂情理，相信技术、不懂文化的政府。这样一个理性化政府，对于建设法治社会、高效率发展经济是需要的；但对于乡村振兴而言却遇到了许多障碍。这就是我一直讲的，不要用治理城市的思维治理乡村的原因所在。

由此就可以理解，为什么，一些地方政府做了那么多事老百姓却没从心里买账，为什么会出现吃着肉骂娘的现象。有一年，我到贵州讲课，当地政府的一位官员就对我提出了问题。他说：张老师，扶贫工作为农村做了那么多事，发现老百姓并不感恩买账，准备对农民开展感恩教育。我的回答是，群众不感恩，不是群众的问题，是在农村工作中，缺情、缺感恩之心造成的。教育群众先要反思与教育自己：为农村做的大量工作，究竟是怀着对农民的反哺感恩之心，还是出于高高在上的傲慢之心；是出于为人民服务的真心，还是出于施舍之心？如果忘记了中国古人坚信的人心换人心的规律，以无情的理性思维，像机器人一样，为了完成政绩考核，按照规定的动作、程序做乡村工作，则老百姓回馈给你的也是理性的、无情的。

不要低看中国的农民，也许在你心目中，你认为是他们的父母官，但是作为中华文明创造者的中国农民，作为为中国革命和中国改革作出巨大贡献的农民，他们心里像明镜似的，他们知道他们才是我们的父母。所以毛主席讲"人民，只有人民，才是创造世界历史的动力"[1]，邓小平同志讲"我是中国人民的儿子"[2]，习近平总书记讲"江山就是人民，人民就是江山"[3]。今天中国社会富有了，不缺钱、不缺技术，却忘记了我们是人民的儿子，反

---

[1] 《毛泽东选集》（第三卷），人民出版社，1991，第1031页。
[2] 中共中央文献研究室编《邓小平思想年编：1975~1997》，中央文献出版社，2011，第349页。
[3] 习近平：《论坚持人民当家作主》，中央文献出版社，2021，第318页。

而误认为，这都是政府自己的功劳，高高在上，傲慢十足，官僚滋生。由此把扶贫变成了施舍，颠倒了与人民群众的关系。以如此之心，搞乡村振兴，无论有多少钱、做多少事，都很难感动农民。

今天值得反思的是，革命年代的中国共产党是如何得到了民心？要知道乡村振兴如何搞，先不要往国外跑、看看西方人怎么搞，最需要先看看的是，中国革命时期的中国共产党是怎么动员了群众、感动了群众、让农民为革命献身的。在今天被物质主义格式化思维的时代，也许有人会认为，当年共产党在农村做工作，也是通过物质的力量动员群众的。不错，中国共产党所到一处，要做一件事，就是打土豪、分田地。如果物质有如此巨大的力量，今天给予农民的物质比当年打土豪分田地要多得多，为了什么没有把农民动员起来？其实，当年的中国共产党，打土豪分田地，做的不是一件单纯的物质的事，其背后是中国共产党为人民的真心，正是这颗真心，感动了农民。这才使得中国革命期间，从物质上给予农民的是"1"，而农民回馈给中国革命的是"10"。农民得到的是几亩土地，但他们奉献给革命的是他们的全部，甚至是他们的生命。

当年中国共产党与农民的关系，不是一种单纯的物质交换关系，而是心与心的相应释放出巨大精神能量，变成了物质力量，才打败了国民党。这才是中国共产党打天下的秘诀。这才是当年人民战争的秘诀，需要今天重新学习。

党的十九大报告中，明确提出，乡村振兴需要一批懂农业、爱农民、爱农村的"三农"工作者。[①] 但地方政府在具体的实践中忘记了这句话的重要性。自党的十九大提出乡村振兴以来，出台了许多乡村振兴政策，各地也召开了各种各样的乡村振兴培训班，还有各路专家学者蜂拥而至搞乡村研究。在如此众多举措中，很少看到有关于乡村振兴需要什么初心、良心的内容。出台的很多东西大多是产业、技术、资本等物质层面的东西。

---

① 习近平：《决胜全面建成小康社会　夺取新时代中国特色社会主义伟大胜利——在中国共产党第十九次全国代表大会上的报告》，人民出版社，2017，第32页。

今天搞乡村振兴缺情、缺温度、缺心，出现这种情况，不是谁故意要以恶意害农民，其深层原因是价值观发生了变化、思维方式发生了变化、接受了人性本恶的西方人性论、不相信中国几千年前提出的人性本善，所以相信治恶的法理，不相信源自良心的情理。

这颗因被物质化而缺情和温度的心，使得对资本和市场力量的相信，超过了对农民和乡村自组织力量的相信，忘记了乡村是一个基于熟人社会的亲情社会，农民作为中国文化的守护人，他们等待的是尊重他们、感动他们的心，而有些人却把乡村看成愚昧落后的地方，走了相反的道路，基于文化下乡、法治下乡、资本下乡的思维来改造乡村。

乡村才是中国人的故乡。我们在追求西方现代化时，找不到回家的路了。没有把乡村当成自己要回去的家园来建设，而是把乡村变成另一个创造GDP的地方来对待。如此开展乡村振兴，无法生发出对乡村的感恩之心、忏悔之心。乡村振兴的最大原动力是有情感、有温度的良心，这里的良心就是全心全意为人民服务的心，这是民心对我们出的考题，下乡赶考要合格，就要感动民心。

三　乡村振兴需要激活我们的慧心

乡村振兴另一个重大的挑战与考题，就是如何激活我们的慧心。党的十八大以来，"中国智慧"是一个使用频率很高的词。但对智慧的认识存在很大的误区。如目前频繁使用的智慧城市、智慧农业、智慧校园、智慧园区等，把智慧看成了利用现代数字化技术提供的解决方案而已。按照这个逻辑，西方人比中国人更有智慧，因为数字化技术源自西方、西方更有优势；按照这个逻辑，现代人比中国古圣贤更有智慧，因为古人没有现代化数字技术；按照这个逻辑，城市人比农村人更有智慧，因为城市是数字化技术的创新之地。

大家都在大讲智慧，却不知道智慧是什么，导致了今天在对智慧一词的滥用中，反而离智慧更远。什么是智慧？智慧是中华民族独特的世界观和思维方式。这是一种探究万物本源、从根上寻找解决方案的系统性、整体性、辩证性的思维方式。这种思维方式也被称为中国式求道、悟道、得道的悟性思维。智慧求的是道，不是术。当今最大误区恰恰是，把术当成道，失道而术邪。以致在求智慧路上，迷路盲求，偏道而行，反而离道更远。

《道德经》讲："人法地，地法天，天法道，道法自然。"[①] 中华民族智慧，源自古老农耕生产方式，中国古老的农耕就是道法自然的农耕。中华民族的智慧源自自然，自然才是智慧的老师。作为中国智慧结晶的《易经》、《道德经》、儒家经典、《黄帝内经》等经典，都源自天地人的太极思维方式。而天地人正是农耕生产所需要的三大要素。所以，古老的农耕生产，不仅是生计之源，也是中国智慧之源。

之所以生活在知识过剩而智慧缺失时代，就是因为在天人对立的自然观下，人与自然的联系被隔断了，使探索智慧之路受阻。与此同时，为征服自然形成的知识与技术，使得现实逆天道而行，离智慧越来越远。乡村作为离自然最近的地方，作为中国智慧的发源地，决定了21世纪中华民族寻求的智慧之路，就是回乡的赶考之路。乡村振兴是一件需要用智慧做的事，同时也是找回智慧、传承激活中国智慧的过程。

要让乡村振兴回归到智慧之道上，目前亟须处理好以下几个方面的关系。

（一）道与术的关系

乡村振兴最需要的是道，然后才是术。搞城市建设需要的是理性、知识、技术与资本。这些东西大部分是近代以来从西方学习到的东西。迷道而术邪，村有村的道，城有城的路，如果按照建设城市的思维搞乡村振兴之道就会走偏。目前恰恰最需要反思的就是，不能用建设城市的术思维，搞乡村振兴。乡村振兴最需要文化、智慧与教育，然后才是知识、技术与资本。中

---

① 张景、张松辉译注《道德经》，中华书局，2021，第99~100页。

华五千年文明留下的文化遗产在乡村，所以，文化是乡村的魂，也是乡村振兴急需活化的最大资源。保护、活化传承乡土文化，是乡村振兴之道，偏离文化的乡村振兴是失道的振兴。承担着中国文化传承与修德开慧功能的乡村教育，是一个承载多重功能的教育体系。中国几千年形成的乡村教育体系，包括修德做人的礼乐教化、文化传承的信仰教育、天地合一的智慧教育、修心齐家的耕读教育、文化知识的私塾教育、道法自然的农耕技术教育、手工艺传承教育等。正是这样一种系统而完善的乡村教育体系，承担了中华文明与文化永续传承的重大使命。这是一种世界上少有、最具中国特色的教育体系。

然而，目前面临的现状是，传承几千年的乡村教育体系濒临崩溃。如何修复与振兴乡村教育，应该是乡村振兴中第一大事，是衡量乡村振兴是否上道的大事。然而，现实是，乡村教育振兴不仅未被列入乡村振兴之中，而且许多地方的撤点并校还在以各种方式进行。如何处理道与术的关系，也关系着中国未来农业发展走什么道的大问题。西方式的现代化农业，是基于天人对立自然观，运用工业化技术发展的现代化农业。这是一种市场化、资本化、私有化的农业，这样一种农业的发展过程，是一个去乡村化、排斥劳动、土地集中、生物多样化遭到破坏的过程。如果未来中国现代化农业也要走这条路，那么这将是一条彻底切断人与劳动、人与自然链接的农业，也是让中国文化与智慧断根、中国乡村走向名存实亡的农业。我们所需要的中国式现代化农业，一定是基于重新修复人类与自然的联系的这个大道，找回中国智慧的农业，而不是脱离这个大道，以单纯技术为最优的现代化农业。这是一个大问题。如果在道上错了，技术越优，则偏道越远。

（二）无与有的关系

目前流行的价值观与认识，认为是有形的东西比无形的更重要。按照这种价值观，自然认为满的城市比空的乡村更有价值，技术创新的城市比蕴藏着文化的乡村更有价值等。在这种价值观的作用下，在实施乡村振兴的战略中，我们已经自觉不自觉地认为，产业、经济、技术、资本、土地等有形的要素更有价值，对乡村文化、教育、历史、传统等无形的东西不上心，甚至还在毁坏。然而，不能忘记有生于无、无形的东西更有价值是中华民族一直恪守的价值观。《道德经》讲的也是无中生有的智慧。习近平总书记所讲的："民族要复兴，乡村必振兴"[①] 也是指乡村在文化、历史、精神等无形价值方面的贡献和作用。从目前流行的有比无更有价值的思维看城市与乡村，就会认为空的乡村就是没有用的乡村，那个满的城市才有价值的城市。用中国有无的辩证智慧看，恰恰是满的城市才面临满则亏的诸多危机与风险，而空的乡村恰恰是蕴藏着妙有的乡村，是否极泰来的乡村。今天从单纯的物质思维和经济主义出发，看到的是许多空心村、一个个没有价值的乡村，其实，从中华文明的历史、文化和精神信仰看，空心村并不空。那里的一砖一瓦、一草一木都记载着中华千年文明的记忆，蕴藏着从哪里来、到哪里去的密码、能量和动力。乡村蕴藏着城市没有的、决定中华民族伟大复兴的根，如果说城市经济为中华民族伟大复兴提供了经济基础，而乡村蕴藏的文化与精神则决定着中国式文明的高度。总之，如果不能以无中生有的智慧搞乡村振兴，那么乡村振兴就会严重走偏。

（三）无为与有为

无为而无不为，是老子留给中国人的治国智慧。《道德经》主张无为而治之道，是基于天道的原理。中国古圣贤发现，天地是一个无主宰的、生生不息的自组织运行体系。正因为天地对万物采取了不主宰、任凭万物自我生息的无为之道，才使万物能够生生不息。对于遵循天道的无为而治，孔子也有同样的观点，孔子曰："天何言哉？四时行焉，百物生焉，天何言哉？"[②] 孔子认为，天没有发号施令，四季运行循环不已，而百物生长不息。几千年来中国古代社会对乡村社会的治理，采取的是皇权不下乡

---

① 习近平：《论"三农"工作》，中央文献出版社，2022，第38页。
② 张燕婴译注：《论语》，中华书局，2006，第272页。

的无为治理之道。就是因为乡村社会是一个自组织社会。乡村社会就像生长在大地上的植物一样，是一个物质与精神自足的多样化、分布式的社会组织。而城市，特别是现代化城市，则是利用现代技术，标准化、规范化生产出来无生命产品。正是基于这个原因，对待乡村治理，决不能以治理城市、建设城市的思维搞乡村振兴。然而，令人不安的是，今天在乡村振兴战略的实施上，有些地方反而采取比管理城市更有为的治理。因为我们把乡村看得比城市低，认为乡村比城市更需要改造，更需要为乡村输入现代化治理。在这种思维的作用下，自从党的十九大以来各地出台的一系列乡村振兴方案与举措，均属于强势政府的有为之举。

我们对外生的政府、市场、资本的力量的依赖与相信程度，远大于对乡村的自组织、农民的主体性、文化凝聚力的依赖和相信。我们寄希望于政府管控、市场的调节、资本的投资这些外在的力量实现乡村振兴。而将激活乡村文化、修复乡村教育、尊重农民的主体性、相信乡村的自组织能力等内生的东西，放在了次要的位置，甚至是以挂羊头、卖狗肉的做法，把这些东西作为概念，写在文件中，挂在嘴上，而真正落地实施的，还是那些外生的东西。我们出台的许多政策，缺乏调研，一厢情愿、不接地气、不合实际、不入民心，使许多投资到乡村的资金、实施的政策大打折扣。由于道走偏了，用力越大则偏颇越大。

无为而治，不是绝对不管理，而是需要像农民种庄稼一样的园丁智慧。农民的任务是为粮食生长创造外部条件，包括耕地、除草。粮食生长是植物自己的事，农民既不能揠苗助长，也不能不管。要做的就是按照节气进行春种、夏长、秋收、冬藏，去做有为的事。乡村振兴急需我们以农民种地的思维来管理乡村，而不要用现在管理工厂的方式，用标准化、全流程、全控制思维来管理乡村。

四　初心、良心、慧心汇集起来就是全心全意

无论是初心、良心还是慧心，合起来就是一个心，即全心全意为人民服

务的心。人民至上、全心全意为人民服务，不是概念，不只是写在文件上、讲在嘴上的东西。乡村振兴这个难题，是新时代对中国共产党进行自我革命的一次考验和考试，这个考场就是乡村，这个考卷的出题者就是人民中的农民。

乡村有乾坤，事关天下事。乡村赶考，解决的不是单纯的乡村问题。乡村是中国的基本国情，读懂了乡村，才能读懂中国。乡村振兴是中国共产党的一次自我革命。在城市不仅生发不出自我革命的动力，几十年的城市化取得的巨大成就，反而使我们在这里容易迷失初心、丢掉良心、失去慧心。

失道求诸野。道在低处，道在乡野。乡村振兴是中华民族伟大复兴的寻道、入道、悟道、得道的大事。自从党的十八大以来，以习近平同志为核心的党中央，提出一系列重大战略，已经再度将中国导入正道。但是在如何悟道、入道践行的层面上，由于受几十年来甚至是近百年来西方式思维的影响，存在巨大惯性，我们容易在原来的道上滑行而不知。

让乡村振兴上道，是对近百年来追赶西方现代化形成的惯性思维的挑战，是对改革开放几十年来形成的西化思维的挑战。乡村振兴是中国又一次改革的新起点，是中华民族伟大复兴的再度觉醒的思维方式革命，是新时代中国共产党再度回到乡村的自我革命，是一次下乡赶考。这次考试，不是知识考试，而是让心觉醒、让智慧激活的考试。

作者：张孝德，中央党校（国家行政学院）社会和生态文明部（北京市，100091）

加快建设农业强国的"北京方案"战略研究[*]

姜长云

内容提要 农业强国是"农业强的国家"之简称,在世界农业竞争中呈现规模化比较优势和强势竞争力。加快建设农业强国的"北京方案",其实质就是在全国加快建设农业强国的过程中,北京市参与的目标定位和应该怎样参与的方案,需要科学回答两方面的问题:一是基于北京市大城市小农业、大京郊小城区的市情农情和新时代首都城市的战略定位,做好"三农"特别是农业及其关联产业发展服务北京需求的文章;二是基于参与全国乃至全球农业及其关联产业竞争合作的要求,找准北京发挥比较优势、培育竞争优势的着力点,力图在全国加快建设农业强国的过程中,形成自身独特甚至不可替代的竞争优势,发挥更加重要的作用。在此基础上,提出构建加快建设农业强国的"北京方案"需要注意的战略导向和相关战略思路。即瞄准打造全国乃至全球都市型现代农业发展先锋城市的方向,推动普适型农业政策向专用型农业政策转型;引导北京农业发展更多聚焦提升精品农业、短链农业、科技农业和农村产业融合发展水平,形成都市型现代农业发展的圈层结构;加强政策引导和资金支持,创新对都市型现代农业发展的支持方式;完善激励机制,鼓励打造外埠农业合作发展基地和合作农业发展

---

[*] 本文系北京市乡村振兴专家咨询委员会2023年委托课题"加快建设农业强国的'北京方案'战略研究"(课题编号:202305-Ⅰ)成果之一,感谢北京市农业农村局、北京市农研中心领导和专咨委办公室提供的热心支持与帮助。张晓敏、姜惠宸、李红宇在课题研究过程中提供了部分资料或调研支持并协助修改。但本文不代表课题委托单位的意见,且文责自负。

圈。此外，要注意加强农业中关村建设，优化农业农村发展的空间布局。

关键词 农业强国　北京方案　都市型现代农业

党的二十大报告提出要加快建设农业强国。2022年12月、2023年12月召开的中央农村工作会议和2023年、2024年的中央一号文件都就加快建设农业强国进行了具体部署。尤其是2023年12月召开的中央农村工作会议要求锚定建设农业强国目标，把推进乡村全面振兴作为新时代新征程"三农"工作的总抓手。加快建设农业强国的实践已在全国蓬勃展开，北京市也在积极探索加快建设农业强国的"北京方案"，借此为建设农业强国做出北京贡献。本文旨在基于对北京的调研和分析，就加快建设农业强国的"北京方案"进行战略思考。

一　若干研究基础

（一）农业强国

农业强国是"农业强的国家"之简称，在世界农业竞争中呈现规模化比较优势和强势竞争力，具体表现为"一底三强一高一足"特征。即以保障粮食安全和重要农产品稳定安全供给为底线，农业及其关联产业链供应链创新力强、国际竞争力强、可持续发展能力强，农业现代化水平高，农业及其关联产业链供应链韧性和安全水平足够。[1] 2023年中央一号文件要求"立足国情农情，体现中国特色，建设供给保障强、科技装备强、经营体系强、产业韧性强、竞争能力强的农业强国"。这是对农业强国内涵特征的简要概

---

[1] 姜长云：《农业强国建设中需要澄清的几个重要关系》，《农村金融研究》2023年第2期。

括。还有一些学者从其他角度对农业强国的内涵特征进行了概括和分析,[①]但基本上属于不同角度、不同侧面的观察,就其对农业强国的本质认识而言,基本上没有太大差别,相互之间有较好的对应相通关系。

需要注意的是,在农业强国研究中讨论农业创新力、竞争力和可持续发展能力时,不能只把农业当作农业产业中的一个环节,应该更多地从农业产业链供应链的视角,关注现代农业产业体系、生产体系和经营体系建设。在讨论农业竞争力时,一方面,要关注农产品的成本和价格竞争力,依托良好的资源禀赋特征和较高的农业现代化水平,通过提高农业技术效率、经济效率和产业链不同环节的协同衔接能力,支撑农产品成本和价格的降低,为抢占国际市场提供便利。另一方面,要关注农产品的品牌、质量和服务竞争力。从国际经验来看,有些国家基于资源禀赋和发展基础等原因,农产品成本和价格的总体水平较高,甚至要保持一定规模的农产品净进口;但由于农产品及其关联产品质量高、品牌影响力强,或通过发展覆盖全程的涉农服务业,以及推进涉农产业融合、优化农产品消费场景和涉农消费体验,在当前消费结构日益升级和消费需求迅速分化的背景下,能够较好地抢占农业及其关联产品的高端市场、特色细分市场甚至农业服务市场,或通过形成对农产品知名品牌的控制力实现农产品品牌溢价,能够实现优质优价、特色高价和服务增效。现有研究往往较多关注提高农产品成本和价格竞争力,但对提高农产品品牌、质量和服务竞争力关注不够。而从国际经验来看,随着农业强国建设的推进和农产品"国际竞争国内化、国内竞争国际化"的发展,增强农产品品牌、质量和服务竞争力的重要性日益凸显。[②]

在研究农业强国建设问题时,要注意其与推进乡村全面振兴的区别与联

---

① 魏后凯、崔凯:《建设农业强国的中国道路:基本逻辑、进程研判与战略支撑》,《中国农村经济》2022年第1期;魏后凯、崔凯:《农业强国的内涵特征、建设基础与推进策略》,《改革》2022年第12期;高旺盛等:《中国特色农业强国的基本特征及战略目标与路径》,《中国农业大学学报》2023年第8期;高旺盛等:《世界农业强国评价指标构建与中国对标分析》,《中国农业大学学报》2023年第11期。

② 姜长云:《农业强国建设的切入点:加强农业品牌建设和社会化服务》,《改革》2023年第11期。

系。全面推进乡村振兴包括"两大支柱",即加快建设农业强国和建设宜居宜业和美乡村。农业强国是强国体系的重要内容,当前我国与世界农业强国的发展差距仍然较大,加快建设农业强国是全面建设社会主义现代化国家不可或缺的重要内容,是社会主义现代化强国的根基。建设农业强国对应农业及其关联产业链供应链的发展,是对农业现代化的"高标准、严要求",更加要求提升农业及其关联产业链供应链的创新力、国际竞争力和可持续发展能力。建设宜居宜业和美乡村,是民心所盼,也是坚持以人民为中心全面推进乡村振兴的逻辑使然。建设宜居宜业和美乡村对应农村发展,是对农村现代化的"高标准、严要求",聚焦于通过激发乡村的多重功能价值、彰显乡村的独特魅力,提升广大居民的获得感幸福感安全感和广泛认同感,将农村建成广大农民的美好幸福家园和能给市民带来美好体验的幸福乐园。[①] 从国际经验来看,基于需求拉动、发展基础和资源禀赋特征,越是大城市的农业发展往往越具有都市型现代农业的特征,其农业现代化与农村现代化也越容易呈现耦合共生的趋势。因此,加快建设农业强国的"北京方案",不能就农业谈农业,必须高度重视与建设宜居宜业和美乡村相融相长的关系。

(二)加快建设农业强国的"北京方案"

加快建设农业强国的"北京方案"(以下简称"北京方案"),其实质就是在全国加快建设农业强国的过程中,北京市参与的目标定位和应该怎样参与的方案。因此,开展加快建设农业强国的"北京方案"战略研究,首先需要科学把握当前甚至今后北京市参与全国农业强国建设所处的历史方位。为此,首先需要基于对北京市情农情、资源禀赋特征的深刻把握和对新时代新征程北京乃至全国发展趋势、发展需求的科学分析,深入落实新时代首都城市战略定位,找准北京市在加快建设农业强国实践中的战略定位和发展方向,推动北京市农业现代化与农村现代化的发展更好地耦合共生、相融相长,将服务国家战略需求与探索具有首都特点、更高水平的农业现代化道

---

① 姜长云:《关于农业强国建设的若干认识》,《中国农村经济》2024年第4期。

路结合起来，将推进北京更好地参与农业强国建设与推进北京市宜居宜业和美乡村建设结合起来，协同实现为北京增光、为全国添彩。

因此，加快建设农业强国的"北京方案"，需要科学回答以下两个方面的问题。一是基于北京市大城市小农业、大京郊小城区的市情农情和新时代首都城市的战略定位，做好"三农"特别是农业及其关联产业发展服务北京需求的文章；二是基于参与全国乃至全球农业及其关联产业竞争合作的要求，找准北京发挥比较优势、培育竞争优势的着力点，力图在全国加快建设农业强国的过程中，形成自身独特甚至不可替代的竞争优势，发挥更加重要的作用。

（三）关于战略研究的要求

"战略"在现代汉语词典里有两重意思，一是指导战争全局的方略，与"战术"相区别；二是泛指带全局性的指导方针。[①] 借用此意，本文开展"加快建设农业强国的'北京方案'战略研究"，旨在探讨在全国加快建设农业强国的过程中，北京市参与的全局性、长远性和根本性问题；重点关注如何认识当前北京市在全国加快建设农业强国过程中的历史方位、北京市参与全国农业强国建设的目标定位、如何实现这种目标定位并培育北京独特的竞争优势等问题。鉴于战略的本质是创造差异化、培育新优势，加快建设农业强国的"北京方案"战略研究，要注意找准北京市在全国加快建设农业强国过程中的独特方位和目标定位、发展路径、实施机制，科学分析北京市参与农业强国建设的重点领域、关键环节和取胜方式。

就通常而言，"战略需要大思维、大格局、大架构"，但也要看得见、摸得着，体现清晰、统一的目标定位和发展脉络、实施思路，并通过资源配置格局的调整和组织能力的支撑推动其实施落地。因此，好的战略意图不仅要给人带来方向感，还要能激发人们为之积极努力、创新探索的激情，唤起利

[①] 李行健主编《现代汉语规范词典》，外语教学与研究出版社、语文出版社，2004，第1465页。

益相关者共同的命运感。① 战略制定更要有辩证思维、远景眼光，体现开放的时空观，将时间维度的纵深感和空间维度的延展性结合起来。② 战略制定的高度、战略实施的有效性，决定着在未来竞争中能否有效集聚优势，以及实现高质量发展的可能性。

在战略研究中，重视战略思维至关重要。因此，要科学处理战略与过去、战略与现实的关系。有效的战略往往是在未来与现实的"拉锯战"中不断完善的，正如王成在《战略罗盘》一书中说"战略设计和战略执行已经不能像过去那样泾渭分明。③ 战略执行的过程中充满了无数的'战略再设计'"。但从根本上说，战略研究的思维不是"以过去推导未来"，而是逆向思维，要"以未来推导现在"，从终局看当前和将来的布局。因为"战略是面向未来的，应该以未来的战略方向来决定现在该如何行动，该如何取舍""从终局看布局就是有战略，从布局看终局就是没战略"。④ 比如，到21世纪中叶，北京市参与全国的农业强国建设应该达到什么高度，按照现行政策和资源配置格局自然演进，到21世纪中叶会达到什么程度；二者之间有什么差距，如何通过政策和公共资源配置格局的调整，来弥补这种差距？这样分析才是战略思维。至于有人主要基于"过去业绩+现实基础+不远将来的可用资源"作为制定战略的依据，实际上不是真正的战略思维，充其量只能算战术安排、推算或可行性分析，很容易导致战略制定缺乏远见和高度。"可行性分析只能预测未来，却不能创造未来"。⑤ 换句话说，重视战略思维更多的不是"按过去方针办"，而是要追求创新、突破和超越，根据未来的战略方向和发展定位决定当前如何行动；并为此科学把握"扬弃以来、吸收外来、面向未来"的关系，增强前瞻性。⑥

---

① 王成：《战略罗盘》，中信出版社，2018，第24页。
② 王成：《战略罗盘》，中信出版社，2018，第7~16页。
③ 王成：《战略罗盘》，中信出版社，2018，第52页。
④ 王成：《战略罗盘》，中信出版社，2018，第20页。
⑤ 王成：《战略罗盘》，中信出版社，2018，第21页。
⑥ 姜长云等：《乡村振兴战略：理论、政策和规划研究》，中国财政经济出版社，2018，第79页。

建设农业强国"北京方案"的战略研究,关注北京市参与全国加快建设农业强国实践面临的全局性、长远性和根本性问题,注意其与局部工作、当前问题和现象表现的差别是至关重要的。在相关研究中,切忌以偏概全、以日常工作思维替代战略思维,甚至"用运营上的勤奋掩盖战略上的懒惰"[①];更要注意摒弃"由内及外""由现实看未来"的短视思维和战术眼光,增强"由外及内""由未来看现在"的战略意识,更多地考虑发展环境、发展需求变化对"北京方案"的影响,综合把握全国加快建设农业强国和新时代首都发展对北京的要求和北京发挥作用的比较优势。

当然,战略研究不能不考虑现实可行性,何况美好的战略未来往往是由当前的现实和基于现实的一个个将来铺就的,因此战略研究和战略制定必须为了实现未来的战略目标,当前和今后我们应该怎么做,这也是与现实相关的。但是,战略研究和战略制定又不能过分迁就和照顾现实,否则战略的远见和战略定位的高度将难以体现。过分强调当前的困难和短期的制约,消极地认为"这不能干""那很难办",缺乏攻坚克难的积极进取心,再好的战略也会被以缺乏可行性为借口而束之高阁,甚至被视作无用。著名的企业战略研究专家王成在其《战略罗盘》一书中说,"战略就是要摆脱现有资源的限制,远大的战略抱负一定是与现有的资源和能力不对称的""战略在一定程度上就是摆脱现有资源的束缚,要思考的战略行动就是如何去不断地弥补现有资源和战略目标两者之间的差距""与其纠结于'是否可行',不如深入探讨'如何实现'"。[②]这句话在从战略上研究加快建设农业强国的"北京方案"时,也是值得参考的。

(四)新时代首都城市战略定位

2017年9月中共中央、国务院批复的《北京城市总体规划(2016年—2035年)》强调,"站在新的历史起点上,就是要建设好伟大社会主义祖国

---

① 王成:《战略罗盘》,中信出版社,2018,第34页。
② 王成:《战略罗盘》,中信出版社,2018,第19、21页。

的首都、迈向中华民族伟大复兴的大国首都、国际一流的和谐宜居之都""北京的一切工作必须坚持全国政治中心、文化中心、国际交往中心、科技创新中心的城市战略定位，履行为中央党政军领导机关工作服务，为国家国际交往服务，为科技和教育发展服务，为改善人民群众生活服务的基本职责"（以下分别简称"四个城市""四个服务"），"落实城市战略定位，必须有所为有所不为，着力提升首都功能，有效疏解非首都功能，做到服务保障能力同城市战略定位相适应，人口资源环境同城市战略定位相协调，城市布局同城市战略定位相一致"，2050年的发展目标是"全面建成更高水平的国际一流的和谐宜居之都，成为富强民主文明和谐美丽的社会主义现代化强国首都、更加具有全球影响力的大国首都、超大城市可持续发展的典范，建成以首都为核心、生态环境良好、经济文化发达、社会和谐稳定的世界级城市群"。中共中央、国务院关于对《北京城市总体规划（2016年－2035年）》的批复强调，要"坚持把政治中心安全保障放在突出位置""抓实抓好文化中心建设""前瞻性谋划好国际交往中心建设""大力加强科技创新中心建设"，"深入推进京津冀协同发展。发挥北京的辐射带动作用，打造以首都为核心的世界级城市群"。① 2023年12月召开的中共北京市委十三届四次全会强调，要"坚持以新时代首都发展为统领，深入实施人文北京、科技北京、绿色北京战略，深入实施京津冀协同发展战略，坚持'五子'联动②服务和融入新发展格局，着力推动高质量发展，全面深化改革开放""为推进中国式现代化作出首都贡献""把首都优势转化为高质量发展动能""加强'四个中心'功能建设、提高'四个服务'水平，深入实施新一版北

---

① 《中共中央　国务院关于对〈北京城市总体规划（2016年—2035年）〉的批复》，中华人民共和国中央人民政府网，2017年9月27日，https://www.gov.cn/zhengce/2017-09/27/content_5227992.htm。

② "五子"联动中的"五子"分别是指建设国际科技创新中心、"两区"建设〔即国家服务业扩大开放综合示范区建设和中国（北京）自由贸易试验区建设〕、数字经济（建设全球数字经济标杆城市）、以供给侧结构性改革引领和创造新需求、深入推动以疏解北京非首都功能为"牛鼻子"的京津冀协同发展。

京城市总规"。①

加快建设农业强国的"北京方案"战略研究，也要坚持以新时代首都发展为统领，坚持首都城市战略定位，服从和服务于加强"四个中心"建设、履行"四个服务"的要求；结合实施京津冀协同发展战略，找准北京在参与全国加快建设农业强国过程中的历史方位和比较优势，培育竞争优势，夯实"为推进中国式现代化作出首都贡献"的农业农村支撑。

二 当前北京参与农业强国建设的现实基础

研究加快建设农业强国的北京方案，必须准确把握当前北京参与农业强国建设的现实基础和面临的主要问题，借此找准北京参与农业强国建设的现实方位。

（一）粮食、蔬菜等重要农产品生产止跌回升，主要农产品储备和流通能力不断加强

当前，北京市粮食、蔬菜、生猪自给率不高。2020年之前，在较长时期内，北京市粮食和主要农产品播种面积经历了一个较快下降的过程，推动粮食和主要农产品产量进而自给率出现不同程度的下降。从2012年开始，北京市先后启动了两轮百万亩造林绿化工程，虽然大幅增加了北京市绿色生态空间，但也导致可用于粮食和主要农产品生产的耕地面积大幅减少。这是推动这种现象形成的重要原因。但自2020年以来，北京市逐步加强粮食、生猪、蔬菜等重要农产品稳产保供工作，超额完成耕地保有量任务，积极加强高标准农田建设，严守粮食安全底线，粮食、油料、蔬菜及食用菌、肉类、牛奶产

---

① 《市委十三届四次全会强调 推动学习贯彻习近平新时代中国特色社会主义思想持续走向深入 以新时代首都发展为统领奋力书写中国式现代化的北京篇章 市委常委会主持会议 尹力讲话》，北京市人民政府网，2023年12月21日，https：//www.beijing.gov.cn/ywdt/hyxx/sw/202312/t20231221_3506142.html。

量均呈现稳定回升或止跌回升态势，干鲜果品、禽蛋和水产品产量降幅趋缓（见表1、表2和案例1），带动粮食、蔬菜、猪肉自给率呈现稳中有升态势。

案例1 以大兴区为例，2023年全区粮食播种面积、蔬菜和食用菌目标产量分别约占全市1/5和1/3，现有永久基本农田25.81万亩、设施农业5.12万亩，均居全市首位，2022年全区农林牧渔业总产值和农业产值分别较上年增长4.6%和12.4%，2023年粮食播种面积较上年增长10.3%，超过市级下达任务39%；粮食亩产较上年增长3%。2023年大兴区推进3.3万亩高标准农田建设，2024年还将启动新一轮1.6万亩高标准农田建设，推动粮食、蔬菜和种苗等重要农产品实现产量、产能双稳定，质量效益双提升。[①]

表1　近年来北京市农作物播种面积和造林面积的变化

单位：万公顷

年份	农作物播种面积	粮食作物	玉米	小麦	油料	蔬菜及食用菌	瓜类及草莓	饲料	造林面积
2012	28.3	19.4	13.2	5.2	0.5	6.4	0.8	0.3	3.6
2013	24.2	15.9	11.4	3.6	0.3	6.2	0.7	0.2	4.4
2014	20.0	12.0	8.9	2.4	0.3	5.7	0.6	0.3	2.3
2015	17.7	10.4	7.6	2.1	0.2	5.4	0.5	0.2	0.8
2016	15.0	8.6	6.4	1.6	0.2	4.7	0.4	0.3	1.0
2017	12.6	6.6	5.0	1.1	0.2	4.2	0.4	0.3	0.9
2018	10.6	5.6	4.0	1.0	0.2	3.6	0.4	0.2	2.0
2019	9.2	4.7	3.4	0.8	0.1	3.1	0.4	0.3	2.2
2020	10.2	4.9	3.6	0.8	0.1	3.8	0.4	0.3	1.8
2021	12.2	6.1	4.3	1.3	0.1	4.6	0.3	0.4	1.3
2022	14.7	7.7	5.1	1.8	0.3	5.3	0.3	0.6	1.0
2023	—	8.8	—	—	—	5.3	—	—	—

注：本表及表2根据《北京统计年鉴2023》整理。2023年数据来自北京市统计局、国家统计局北京调查总队：《2023年北京经济持续回升向好　发展质量稳步提升》，北京市统计局、国家统计局北京调查总队网站，2024年1月19日，https://tjj.beijing.gov.cn/bwtt_31461/202401/t20240119_3541030.html。

① 本文案例除特别说明者外，均根据调研时相关部门提供的资料整理。

表 2 近年来北京市主要农产品产量及其变化情况

单位：万吨

年份	粮食	油料	蔬菜及食用菌	干鲜果品	牛奶	肉类	其中猪牛羊肉	禽蛋产量	水产品
2012	113.8	1.3	279.9	84.3	65.1	43.2	27.3	15.2	6.4
2013	96.1	1.0	266.9	79.5	61.5	41.8	27.9	17.5	6.4
2014	63.9	0.7	236.2	74.5	59.5	39.3	26.9	19.6	6.8
2015	62.6	0.6	205.1	71.4	57.2	36.4	25.2	19.6	6.6
2016	52.8	0.6	183.6	66.1	45.7	30.4	24.4	18.3	5.4
2017	41.1	0.5	156.8	61.1	37.4	26.4	21.7	15.7	4.5
2018	34.1	0.4	130.6	49.9	31.1	17.5	15.1	11.2	3.0
2019	28.8	0.3	111.5	48.9	26.4	5.1	3.4	9.6	3.0
2020	30.5	0.3	137.9	43.0	24.2	3.5	2.1	9.7	2.3
2021	37.8	0.5	165.6	38.5	25.8	4.4	3.3	9.4	2.3
2022	45.4	0.9	198.9	29.4	26.4	4.3	3.4	8.7	1.7
2023	47.8	—	207.5	—	—	—	—	—	—

与此同时，北京市粮食和重要农产品流通能力不断加强，为防控特殊时期大城市蔬菜市场价格异常波动对民生的负面影响提供了有效保障。近年来，北京市结合健全北方大城市冬春蔬菜储备制度，积极加强重要农产品储备能力建设，并将其同加强重要民生产品保供稳价应急机制建设结合起来。如2022年，建立了土豆、白萝卜、胡萝卜等8种耐储蔬菜的政府储备，储备量约5万吨；并在河北、天津建设130个环京周边蔬菜生产基地，总面积达10万亩；猪肉（生猪）政府储备约2.5万吨。结合加强应急运输保障能力和抓好环京蔬菜生产基地建设，着力构建1小时鲜活农产品物流圈。北京市部分农产品价格低于全国平均水平，固然原因很多，但这是重要原因之一。据《全国农产品成本收益资料汇编2023》，2022年北京市中规模生猪、中规模蛋鸡、大规模奶牛、设施西红柿、设施黄瓜、设施茄子、露地大白菜每50公斤主产品平均出售价格分别较全国平均水平低13.6%、10.3%、12.6%、22.9%、3.9%、15.4%和19.0%。

以农产品批发市场为龙头、以线上平台为新增长点,多层次、网络化的农产品流通体系,也对北京市农产品保供稳价发挥了重要作用。农产品批发市场是北京市生活必需品供应的主渠道,北京已形成以新发地为主辐射华北乃至北方地区,以东南方向北京鲜活农产品流通中心、西北方向昌平区南口农产品批发市场为主服务本地的空间布局。从蔬菜来看,新发地批发市场日均上市约2.1万吨,占全市的70%左右;从猪肉来看,主要由二商大红门、顺鑫鹏程等9家生猪屠宰企业,经大洋路、岳各庄和新发地批发市场供给超市、社区菜市场和企事业单位食堂;从鸡蛋来看,经大洋路、水屯等批发市场流通至超市、社区菜市场和企事业单位食堂;粮油流通则主要依靠八里桥农产品中心等重点批发市场以及物美、永辉等连锁超市。同时,线上线下融合发展的销售模式加快发展,全市生鲜电商主要由美团买菜、盒马鲜生、天猫生鲜、叮咚买菜、7Fresh等构成,活跃户数超过百万个。此外,线上电商平台积极布局线下门店,提供物流配送服务。如盒马鲜生布局线下实体门店,物美超市为顾客提供线上下单2小时送货上门,线上线下融合发展的态势加快形成。

(二)农民收入持续较快增长且水平较高,城乡居民收入差距不断缩小

2017年全市农村居民家庭人均可支配收入24240元,2022年、2023年分别增加到34754元和37358元;按当年价格计算,2018~2022年农村居民人均可支配收入年均递增7.5%,增速较同期城镇居民人均可支配收入快1.4个百分点。在此基础上,2023年农村居民人均可支配收入较上年增长7.5%,增速快于城镇居民人均可支配收入增速2.0个百分点。[①] 尤其是低收入农户全部脱低、低收入村全面消除,进一步夯实了城乡区域协调发展的基础。与此同时,虽然北京市城乡居民人均可支配收入均明显高于全国平均水

---

① 《2023年北京经济持续回升向好 发展质量稳步提升》,北京市统计局、国家统计局北京调查总队网站,2024年1月19日,https://tjj.beijing.gov.cn/bwtt_31461/202401/t20240119_3541030.html。

平，但农村居民人均可支配收入高出全国平均水平的幅度更大。北京市城镇、农村居民人均可支配收入2017年分别高出全国平均水平71.5%和80.5%，2022年分别高出70.5%和72.6%。2022年，北京市农村居民人均可支配收入仅次于上海市和浙江省，居全国第三位。在此基础上，2023年，北京市城镇、农村居民人均可支配收入分别高出全国平均水平71.1%和72.2%。与此同时，近年来北京市城乡居民收入差距不断缩小。2017年北京市城镇居民人均可支配收入相当于农村居民人均可支配收入的2.57倍，2022年和2023年分别缩小到2.42倍和2.37倍；城乡居民收入的相对差距小于全国平均水平。2017、2022和2023年，全国城镇居民人均可支配收入分别相当于农村居民人均可支配收入的2.71倍、2.45倍和2.39倍。

（三）都市型现代农业加快发展的方向日趋鲜明，带动农业多功能性迅速凸显和农业农村现代化融合发展态势加快形成

近年来，北京市逐步明确了发展都市型现代农业的方向，推动农村一二三产业融合发展、文化和数字经济与农业乡村产业融合发展，促进休闲农业和乡村旅游加快提档升级，培育发展了一批精品民宿和精品旅游线路（见案例2）。都市型现代农业的发展，在提升农业乡村产业生产功能的同时，激活了其生活、生态、文化、科技等多重功能，促进了农业现代化和农村现代化耦合共生、相得益彰；也拓展了农民收入来源渠道，增加了农村就业机会，带动了宜居宜业和美乡村建设。许多地方都市型现代农业成为发展乡村集体经济的重要渠道和引入城市资本、人才、要素支持乡村振兴的重要路径，也带动了农业农村发展理念的跃升和创新能力的培育。此外，自2012年以来，北京市先后投入大量资金实施了两轮平原地区百万亩造林工程，有效推动了绿色北京建设，为首都发展提供了重要的生态屏障。2017年以来实施的新一轮造林工程，同实施"疏解整治促提升"专项行动联动，有效扩大了北京的绿色生态空间，厚植了美丽北京的生态底色，提升了绿色生态系统的品质、完整性和稳定性。从2012年到2022年，全市森林面积增长了23.8%，森林覆盖率由38.6%增长到44.8%。

案例2 延庆区作为北京远郊区，立足其区域"小气候"特色，面向北京"大市场"对高品质农产品的需求，强化农业发展的绿色生态导向，促进农业设施提档升级，推动农文旅融合发展，已入选全国农业绿色发展先行区、全国休闲农业重点区，已形成八达岭、康庄、大庄科、四季、张山营、旧县等六大休闲农业重点片区。毗邻北京城市副中心的朝阳区黑庄户乡，正在着力打造以农业生态公园为统领，集农业生产、乡村生活、农耕文化体验、音乐艺术欣赏于一体的生态休闲和乡土文化农旅模式。

（四）科技农业、精品农业、品牌农业、智慧农业、设施农业发展亮点纷呈，新型农业经营主体、新型涉农产业融合主体和新型产业发展载体作用凸显

近年来，北京市积极打造"种业之都"，推动农业"中关村"建设走深走实，一批国家农业科技园区、国家现代农业科技示范展示基地、市级农业科技示范基地和现代农业产业集群，成为推进北京市率先实现农业农村现代化的生力军，也是发展科技农业的突出亮点（见案例3、案例4）。到2023年，在京郊地区已经建立87个科技小院，辐射带动300余个村，累计解决5600多人就业问题，实现农民技术培训4万余人次，成为科技助力乡村振兴的重要节点。[①] 在全国现有524个"全国农业文化遗产"中，北京已有50个，接近1/10。2023年11月，平谷区已进入2023年全国休闲农业重点县公示名单。以农业产业化龙头企业为代表，一批新型农业经营主体、新型涉农产业融合主体迅速成长，呈现了较强的科技创新能力、产业带动能力、服务

---

① 周怀宗、李木易：《新增补市政协委员王斌：发挥科技小院力量 助力首都乡村振兴》，《新京报》2024年1月22日。

保障能力，成为探索农业强国建设"北京方案"的开路先锋（见案例5、案例6、案例7[①]）。中电农创大兴基地、四季阳坤农业科技、老翟瓜菜产销专业合作社等在发展设施农业，延庆区康庄镇北菜园公司、禾亩润风生态农场等在发展有机蔬菜种植加工方面，可谓亮点纷呈。许多地方乡村民宿产业发展很快，激活了农村闲置房屋等沉睡资源，带动了一部分农户通过房屋出租、农民务工和农产品销售增加收入，形成了大兴北臧村镇产业民宿、魏善庄镇半壁店村"红色剧本杀"沉浸产业基地、延庆隐居乡里·山楂小院等一批各有特色的精品民宿，延庆姚官岭民宿产业集群带动所在姚官岭成为首批全国乡村旅游重点村、全国文明村、全国首批乙级旅游民宿和"金村级"景区村。到2023年9月，北京市已认定"北京优农"品牌180个，年销售额超过60亿元，带动就业10余万人次。[②] 到2022年底，北京市已形成北京鸭、大兴西瓜、平谷大桃、延庆国光苹果等区域公用品牌15个。朝阳区小鲁店村依托本村宫廷金鱼养殖文化优势，"小金鱼游出大产业"，已成为华北地区重要的观赏鱼产销基地。

案例3 近年来，作为北京最大的平原区和传统农业大区，大兴区先后入选国家农产品质量安全县、国家农业绿色发展先行区、全国率先基本实现主要农作物生产全程机械化示范县，2022年和2023年又相继入选首批全国100个"国家乡村振兴示范县"创建名单、首批"国家农业现代化示范区"创建名单，近年来一直将建设首都"种苗核心区"和"华北瓜菜种苗产业基地"作为支撑北京打造"种业之都"的重要举措。到2023年9月，大兴区已形成农业标准化基地100家，取得"三品"认证基地110家，建成10个农业产业集群项目，新增国家级农民专业合作社示范市和市级农业产业化龙头企业各2家，有9家经营主体入选市级生态农场和绿色基地，2023年绿色有机农产品产量较上年增长42%，大兴西瓜入选全国农业品牌精品培育

---

① 根据相关企业网站资料整理。
② 王可心：《百余场特色活动欢庆中国农民丰收节》，《北京日报》2023年9月24日。

计划，新增3个品牌入选"北京优农"。

案例4　丰台区将发展智慧农业作为促进农业乡村产业高质量发展、激活集体经济发展内生动力的重要方向，引导智慧农业集聚发展、创新发展，依托花乡花木集团，打造花卉科研和数字化电子交易中心，并联花卉产业资源，推动"北京花卉"数字平台打造成智慧农业产业链示范平台，正在打造北京首个数字品种试验展示基地，培育"生活场景+鲜花"的生活体验新业态。

案例5　首农集团作为涉农大型市属国有企业，已拥有三元食品等7家农业产业化国家重点龙头企业，三元种业、二商肉食等18家北京市级农业产业化重点龙头企业，形成了从育种、种植养殖到产品加工、贸易流通到终端销售的全产业链，涉及乳业、粮食、油脂、肉类和水产品、糖酒和副食调味品等领域，培育出一批知名品牌，在首都"菜篮子""米袋子""奶瓶子""肉案子"保供中发挥举足轻重的重要作用。在2020年农业产业化龙头企业中，北京首农集团入选品牌影响力10强。①

案例6　位于中关村自主创新示范区的德清源公司是国家高新技术企业、农业产业化国家重点龙头企业、全国最大的蛋鸡养殖和蛋品生产企业，近年来通过将科技引入现代农业，形成了从鸡苗育种到饲料营养、蛋鸡养殖、蛋品生产、有机肥处理、质量追溯、蛋品销售的全产业链经济，近年来积极探索数字农业、智慧养殖管理等现代农业发展新模式，并在14个省份建成19个现代化农场。

案例7　大北农集团坚持科技铸就品质、服务体现价值，产业发展覆

---

① 资料来源：《2020年农业产业化龙头企业100强和专项10强名单发布》，http://www.xccys.mao.gov.cn/nycyh/202104/t20210426_6366634.htm。

盖饲料科技、养殖科技、作物科技、疫苗动保科技、农业互联网科技、乳业科技等领域，在部分领域已经成为我国涉农科技和产业发展的引领者。

（五）以改革促发展的态势加快形成，改革赋能、科技赋能、城乡融合赋能相得益彰

北京正在高标准推进"两区"建设，即国家服务业扩大开放综合示范区、中国（北京）自由贸易试验区。"两区"建设看似与农业农村发展关系不大，但也会从宏观环境和发展要求上对农业农村发展产生深刻影响，甚至带来经济社会管理方式的深刻变革。北京着力加强"四个中心"建设、提高"四个服务"水平，正在不断产生对农业农村发展的改革赋能、科技赋能、城乡融合赋能效应。从北京相关区域来看，新版北京城市总体规划赋予大兴区面向京津冀的协同发展示范区、科技创新引领区、城乡发展深化改革先行区、首都国际交往新门户的功能定位，大兴区承担了全国农村宅基地制度改革、农村住房质量提升和农村乱占耕地建住宅专项整治等试点任务，在全市率先开展的"党建引领壮大农村集体经济'一镇一村'创建"工作，入选北京市创新典型案例。位于北京城区的丰台区正在积极推动农村资金、资产、资源市场化改革，促进改革举措与产业生态圈建设有机衔接，探索推广项目带动型、资源盘活型、三产融合型、多元服务型集体产业发展模式，激活集体经济发展内生动力。与此同时，丰台区一方面积极探索集体产业与创业社区融合发展模式，推进集体租赁房转型为优质众创空间，培育政府、集体、企业"发展合作伙伴"关系。远郊的延庆区正在东南部山区选择27条沟湾，统筹利用山林资源，盘活周边闲置宅基地和村集体闲置资产，打造新时代首都生态沟域绿色发展新模式。

三 当前北京参与农业强国建设面临的主要问题

（一）农业资源总量少且在不断减少，部分农业及关联产业总量增长乏力甚至出现萎缩

根据第二次、第三次全国土地调查结果，2009年北京市拥有耕地22.72万公顷，其中水田、水浇地和旱地分别为0.22万公顷、17.20万公顷和5.29万公顷；到2019年，北京市拥有耕地面积减少到9.36万公顷，水田、水浇地和旱地面积分别减少到0.06万公顷、7.66万公顷和1.64万公顷。2019年北京市还有园地12.63万公顷、林地96.76万公顷、草地1.45万公顷；在31个省（区、市）中（不含港澳台），北京市耕地、园地、林地、草地面积分别位居第31位、第23位、第27位和第30位。2022年，全市农业用水2.6亿立方米，占全市用水总量的比重为6.5%，农业用水量仅为2017年的40%。

2023年12月召开的中央经济工作会议强调，"必须把坚持高质量发展作为新时代的硬道理……推动经济实现质的有效提升和量的合理增长"。在很大程度上，这是因为经济体系的质和量之间往往存在辩证统一关系。如果没有一定的规模或增长速度，提高经济运行质量的回旋空间就会收缩，提升经济质量、效益、竞争力的难度也会明显加大，甚至经济体系引入人才和创新要素的难度也会显著增加。北京市参与农业强国建设的过程，在很大程度上也是提高农业质量、效益、竞争力的过程。但是，北京市农业及其关联产业资源总量少，甚至近年来还在不断减少；导致农业及其关联产业规模小，人均量更少，[①] 且自给率低（见表3），近年来部分产业规模还呈萎缩态势

[①] 2021年，北京市粮食总产量37.8万吨，人均产量17.2千克；谷物总产量36.5万吨，人均产量16.7千克；均居全国第31位。同年，北京市稻谷、小麦、玉米、大豆总产量分别为0.2万吨、6.8万吨、29.0万吨、0.3万吨，人均产量分别为0.1千克、3.1千克、13.3千克、0.2千克；全市棉花、油料、肉类、水产品、蔬菜、水果、奶类总产量分别为6吨、5239吨、4.4万吨、21807吨、165.6万吨、48.8万吨、25.8万吨，分别居全国第21位、第29位、第31位、第28位、第29位、第28位和第21位；人均棉花、油料、肉类、水产品、蔬菜、水果、奶类产量分别为0千克、0.2千克、2.0千克、1.0千克、75.7千克、22.3千克和11.8千克。

(见表4、表5)。这不仅表现在农林牧渔业发展上,在农业观光园、乡村旅游、种业和设施农业发展上也有较为突出的表现。按当年价格计算,农林牧渔业增加值规模从2013年的162.0亿元持续下降到2020年110.7亿元的水平。在此基础上,农林牧渔业增加值规模2021年、2022年略有增加,分别为113.4亿元和113.1亿元,2023年回落到106.9亿元。按可比价格计算,以上年为100,则自2015年开始,农林牧渔业增加值指数一直低于100,仅2021年为102.3。2022年,北京市农林牧渔业增加值113.1亿元,较2017年减少9.0%;在31个省(区、市)中(不含港澳台),北京市农林牧渔业增加值规模和占GDP比重仅略高于上海市。[①] 与2017年相比,2022年北京市干鲜果品、牛奶、肉类、禽蛋、水产品产量分别下降51.9%、29.9%、83.7%、44.6%和62.2%(见表2)。这对于农业及其关联产业提质增效升级,以及对于北京市参与农业强国建设的制约都在不断增加。因为没有一定的规模,推进品牌化、科技化和涉农服务业发展的成本和风险也会明显增加。

表3 2021年北京市主要农产品人均产量和人均消费量比较

单位:千克/人

项目	粮食	油料	糖料	肉类	水产品	蔬菜	水果	奶类
人均产量	17.2	0.2	0	2.0	1.0	75.7	22.3	11.8
人均消费量	109.9	6.8	1.1	33.5	10.0	119.0	77.2	29.8

注:本表人均产量数据来自《中国农村统计年鉴2022》,人均消费量数据来自《北京统计年鉴2022》,其中油料消费量用植物油消费量代替,糖料消费量用食糖消费量代替,肉类消费量用猪肉、牛羊肉、禽肉消费量之和计算,蔬菜消费量用蔬菜及菜制品消费量代替,水果消费量用干鲜瓜果类消费量代替,奶类消费量用奶及奶制品消费量代替。

---

① 2021年,北京农业、林业、牧业、渔业产值和农林牧渔专业及辅助性活动产值分别为123.0亿元、88.8亿元、46.3亿元、4.4亿元和7.1亿元,在31个省(区、市)中(不含港澳台),农业产值仅高于西藏,林业产值居全国倒数第9位,牧业产值仅高于上海市,渔业产值仅高于青海、甘肃、西藏,农林牧渔专业及辅助性活动产值仅高于西藏。

表4 近年来北京市农林牧渔业总产值规模的变化

年份	农林牧渔业总产值（亿元）	农业	林业	牧业	渔业	农林牧渔专业及辅助性活动	农林牧渔业总产值较上年增长（%）按当年价格计算	按可比价格计算
2012	395.7	166.3	54.8	154.2	13.0	7.5	9.0	2.9
2013	421.8	170.4	75.9	154.8	12.8	8.0	6.6	2.1
2014	420.1	155.1	90.7	152.7	13.2	8.4	-0.4	…
2015	368.2	154.5	57.3	135.9	11.9	8.7	-12.3	-11.7
2016	338.1	145.2	52.2	122.7	9.2	8.7	-8.2	-9.9
2017	308.3	129.8	58.8	101.4	9.6	8.7	-8.8	-6.9
2018	296.8	114.7	95.1	72.0	6.1	8.8	-3.7	-6.0
2019	281.7	102.3	115.6	49.3	5.3	9.1	-5.1	-6.3
2020	263.4	107.6	97.7	45.2	4.1	8.8	-6.5	-6.7
2021	269.5	123.0	88.8	46.3	4.4	7.1	2.3	2.8
2022	268.2	129.8	86.5	42.3	3.9	5.8	-0.5	-2.0
2023	252.5	135.6	65.9	41.9	3.9			-4.6

注：表4、表5资料来源：《北京统计年鉴2023》，2023年数据来自北京市统计局、国家统计局北京调查总队：《2023年北京经济持续回升向好 发展质量稳步提升》，北京市统计局、国家统计局北京调查总队网站，2024年1月19日，https://tjj.beijing.gov.cn/bwtt_31461/202401/t20240119_3541030.html。

表5 近年来北京市农业观光园、乡村旅游、种业和设施农业的发展变化

		2017年	2018年	2019年	2020年	2021年	2022年	2023年
农业观光园	个数（个）	1216	1171	948	925	1009	1027	
	高峰期从业人员（人）	39624	39726	33815	28706	29451	29441	
	接待人次（万人次）	2105.3	1897.6	1538.0	867.2	1154.5	707.0	
	经营总收入（亿元）	29.9	27.3	23.2	15.5	18.4	18.4	
乡村旅游	实际经营的乡村旅游接待户和单位（户、个）	8363	7783	7354	5832	6793	7105	
	高峰期从业人员（人）	22455	21203	23720	19626	21607	21463	
	乡村旅游接待人次（万人次）	2232.1	2042.3	1920.1	1010.3	1365.7	1080.9	
	乡村旅游总收入（亿元）	14.2	13.0	14.4	9.5	14.1	13.7	
	种业收入（亿元）	12.7	12.4	15.1	12.1	11.9	8.9	
设施农业	产值（亿元）	54.5	51.7	47.1	50.1	57.9	59.8	60.4
	播种面积（公顷）	53.61	48.49	40.60	43.52	46.76	48.74	
	实际利用占地面积（万亩）	22.4	20.82	19.35	19.88	19.54	20.06	20.50

（二）农业劳动生产率和比较劳动生产率低于全国平均水平，都市型现代农业的特殊性、独特的资源禀赋特征和发展要求成为形成这种现象的主因

农业劳动生产率是反映农业质量效率竞争力的重要指标。本文所称农业劳动生产率实际上是农林牧渔业劳动生产率之简称。农业比较劳动生产率即农业劳动生产率与全社会劳动生产率之比，可在一定程度上反映农业现代化相对于国民经济现代化的差距。鉴于现行统计资料中仅有第一产业就业数据，缺农林牧渔业就业数据；而第一产业与农林牧渔业在统计范围上仅相差农林牧渔专业及辅助活动，因此我们用第一产业劳动生产率代替农业劳动生产率。计算结果显示，2022年北京市农业劳动生产率为4.46万元/人，低于全国平均水平（5.00万元/人）；北京市农业比较劳动生产率为12.13%，在全国31个省（区、市）中最低。[①] 从动态发展趋势看，在过去10年间，北京市农业劳动生产率经历了由高于全国平均水平转为低于全国平均水平的转变过程，北京市农业比较劳动生产率基本呈现在波动中走低趋势（见图1、图2和表6）。在农业劳动生产率低于全国平均水平的背景下，北京市农

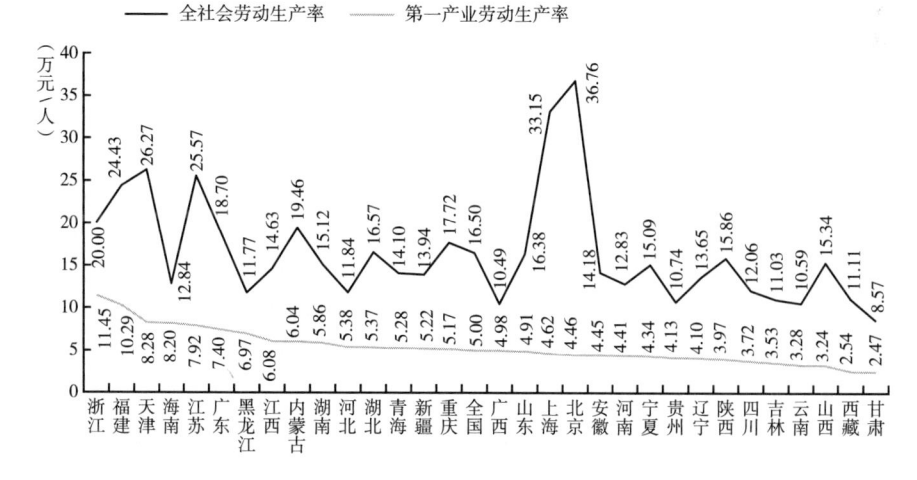

图1　2022年北京市农业劳动生产率及其与全国各省（区、市）比较

---

① 资料来源：根据《中国统计年鉴2023》计算，因数据来源不同，2022年北京市农业劳动生产率为4.46万元，与根据《北京统计年鉴2023》计算的结果略有出入。

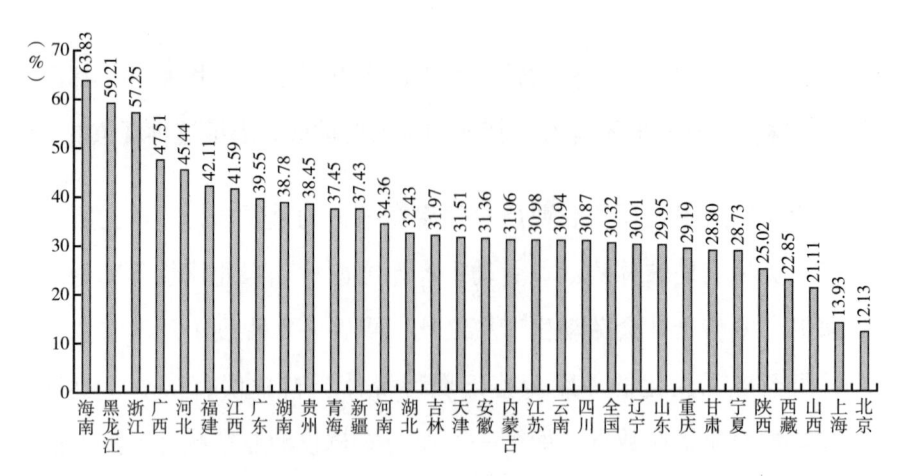

图2 2022年北京市农业劳动生产率及其与全国各省（区、市）比较

业比较劳动生产率在全国较低，这是很容易理解的。因为近年来北京市以高精尖产业为龙头的整个国民经济现代化发展较快，有效带动了其全社会劳动生产率位居全国高水平行列。

表6 北京市与全国农业/比较劳动生产率比较

年份	农业劳动生产率(元/人) 全国	农业劳动生产率(元/人) 北京市	农业比较劳动生产率(%) 全国	农业比较劳动生产率(%) 北京市
2012	19222.48	26835.44	27.22	15.73
2013	22245.20	31518.74	28.62	16.96
2014	24864.25	34236.56	29.50	17.05
2015	26974.79	32575.41	29.89	15.31
2016	28763.73	31127.10	29.38	13.67
2017	30598.42	31580.31	27.97	12.59
2018	33182.12	33041.10	27.35	11.87
2019	37783.40	36549.52	28.90	12.20
2020	44047.93	38678.57	32.62	12.52
2021	48744.44	41222.22	31.66	11.85
2022	50017.04	44422.31	30.32	12.09

注：本表根据《北京统计年鉴2023》和各年当年价格计算。

那么，北京市农业劳动生产率水平为什么低，甚至低于全国平均水平？我们的专题研究发现，在此方面虽有统计原因，如许多涉农产业融合的企业，其农业增加值往往难以进入农林牧渔业统计，而进入工业或服务业增加值之中；但主要原因有以下三点。（1）作为超大城市，北京市农业发展具有典型的都市型现代农业特征，而都市型现代农业发展一方面要将夯实粮食和重要农产品稳产保供底线放在突出地位，但这会影响其按市场导向和比较优势原则进行农业发展和结构选择；另一方面，北京农业发展要更加重视农业生活、生态、文化等多重功能开发，存在农业发展需要以部分增加值换"颜值"和"好玩度"的问题，甚至农业容易成为通过产业融合实现涉农产业链更大幅度提质增效升级的"托"。① 这两方面都会影响农业增加值的形成和农业劳动生产率的提升。（2）北京作为首都和超大城市必须坚持"四个中心"、面向"四个服务"。因此，相对于非首都城市，北京农业发展要更加重视守住粮食和重要农产品稳产保供的底线，更加重视激发农业及其关联产业的多功能性，培育外地农业难以替代的本地化服务功能。这也是增强城市韧性和抗风险能力的要求。（3）北京农业资源禀赋特征带来了特殊问题和困难。如连片耕地规模小、布局散，农产品生产成本和机会成本高。②

（三）农民收入增长与农业发展的直接关联性明显减弱，完善农业及其关联产业链发展的动力结构和发展方式日趋紧迫

2017年，北京市农村居民人均可支配收入24240元，其中工资性收入、经营净收入、财产净收入、转移净收入分别占75.2%、8.8%、6.5%和9.5%。到2022年，北京市农村居民人均可支配收入增加到34754元，其中工资性收入、经营净收入、财产净收入、转移净收入分别占71.7%、5.3%、10.2%和12.7%。可见，近年来，在北京市农村居民人均可支配收入的来源结构中，工资性收入和经营净收入占比均呈下降趋势，财产净收入和转移净

---

① 特别是北京生态涵养区的农业是北京重要的生态屏障，对饮用水源保护也有重要作用。
② 姜长云：《如何看待都市型现代农业劳动生产率的特殊性——以北京市为例》，《华中农业大学学报》（社会科学版）2024年第3期。

收入占比均呈上升趋势。近年来，北京郊区特别是近郊地区农村拆迁补偿费和农村房屋租金收入增加，发展民宿经济并推进闲置农宅盘活利用、深化农村集体经济产权制度改革和平原造林、农村土地流转、生态林补偿政策落地等，成为带动农民财产性收入增加的重要渠道。农村最低生活保障金和福利养老金等标准的提高，发放煤改清洁能源补贴，农村低保、困难补助、特困和低收入家庭补助政策惠及范围的扩大，增强了社会保障的兜底功能，也助推了农民转移性收入的增加。

2022年，在全国农村居民人均可支配收入中，工资性收入、经营净收入、财产净收入、转移净收入分别占42.0%、34.6%、2.5%和20.9%。相比之下，在北京市农村居民人均可支配收入中，工资性收入和财产净收入占比明显高于全国平均水平，经营净收入和转移净收入占比明显低于全国平均水平。从绝对水平来看，2022年，北京市农村居民人均可支配收入高出全国平均水平72.6%，其中工资性收入特别是财产净收入明显高于全国平均水平，分别高出195.0%和598.6%；转移净收入只是略高于全国平均水平（高出5.2%），经营净收入则比全国平均水平低73.5%（见表7）。近年来，北京市持续加大对农村地区的就业帮扶力度，推行城乡统一的就业促进政策，[1] 加之地处超大城市，非农就业机会本就较多；这是北京市农村居民人均可支配收入来源结构中，工资性收入占比明显高于全国平均水平的重要原因。

经营净收入包括农户从事农业家庭经营获得的经营净收入和在非农产业从事经营获得的净收入。北京市经营净收入占农民人均可支配收入的比重，2017年为8.8%，2022年仅为5.3%；农村居民经营净收入2017年为2140元，2022年为1850元。可见，近年来，北京市农村居民的人均经营净收入占人均可支配收入的比重下降，其数量也呈减少趋势。就北京市总体而言，

---

[1] 如对用人单位直接招用农村劳动力给予岗位补贴和社会保险补贴，开发环卫等城市公共服务类岗位，支持生态涵养区农村劳动力在城区就业，实现农村公益性岗位托底安置就业，通过建立村庄保洁队支持农村人居环境整治和美丽乡村建设、让部分农民从事山区生态林管护实现绿岗就业等。

表7　2022年北京市与全国农村居民人均可支配收入比

项目	数量 全国(元)	数量 北京市(元)	数量 北京与全国平均水平相比(%)	占比 全国	占比 北京市
农村居民人均可支配收入	20133	34754	172.6	100	100
工资性收入	8449	24928	295.0	42.0	71.7
经营净收入	6972	1850	26.5	34.6	5.3
财产净收入	509	3556	698.6	2.5	10.2
转移净收入	4203	4420	105.2	20.9	12.7

农户在农业从事家庭经营已经不是农民收入的重要来源。结合近年来北京市农村土地流转数据，可以更加清晰地看出这一点。到2019年底，全市家庭承包土地面积427.7万亩，土地经营权流转率接近70%，其中从流转面积来看，流转给企业的约占1/4，流转给农户的不足1/7，流转给专业合作社的不足5%，流转给村集体经济组织、乡联社、林业站等经营主体的接近3/5。[①] 尽管农村居民的工资性收入包括一部分在农业就业的收入，但考虑到北京市工业化、信息化、城镇化迅速发展提供的庞大非农经营或就业机会，仍可以从这组数据看出，农业对北京市农民收入增长的直接贡献已经明显减弱，完善农业发展和培育农业产业链供应链创新力、竞争力、可持续发展能力的动力结构日趋紧迫；促进农民增收也需要跳出农户农业和就农业论增收的局限，更加重视发展都市型现代农业和促进农村一二三产业融合发展，发挥城市对乡村产业发展的引领带动作用，借此拓宽农民收入来源。

与城镇居民人均可支配收入来源结构相比，在北京市农村居民人均可支配收入的来源结构中，工资性收入和经营净收入占比更高，但财产净收入和转移净收入占比更低（见表8）。讨论城乡居民收入差距时，北京市城乡收入差距较大这种现象经常受到质疑。2022年，北京市城镇居民人均可支配收入相当于农村居民人均可支配收入的倍数位居全国前列。但将北京与同作

---

① 此处因涉及有关部门内部数据，不便提供具体数据。

为超大城市的上海相比,二者在转移净收入上的差距是导致北京市城乡居民收入差距拉大的主要原因。2022年,上海市城镇居民人均可支配收入相当于农村居民人均可支配收入的2.12倍(见图3)。从2022年人均可支配收入及其来源结构看,北京与上海在城镇居民人均可支配收入及其各项构成上差别不大,农村居民人均可支配收入在工资性收入和经营净收入上也无明显差别,北京市农村居民财产净收入高出上海市2183.7元,但转移净收入较上海市低7080.9元(见表9)。考虑到政府对农户的经常性转移支付是转移净收入的重要来源。假设北京市能够通过政府对农户的经常性转移支付将其与上海市在农村居民人均转移净收入上的差距缩小一半或消除,则北京市城镇居民人均可支配收入相当于农村居民人均可支配收入的倍数将分别缩小到2.19倍和2.01倍,则北京市的城乡收入差距将分别略高于、略低于上海市的城乡收入差距。

表8 近年来北京市城乡居民家庭人均可支配收入及其结构变化

单位:元,%

项目		数量				结构			
		农村居民		城镇居民		农村居民		城镇居民	
		2017年	2022年	2017年	2022年	2017年	2022年	2017年	2022年
人均可支配收入		24240	34754	62406	84023	100	100	100	100
其中	工资性收入	18223	24928	37883	51295	75.18	71.73	60.70	61.05
	经营净收入	2140	1850	1293	756	8.83	5.32	2.07	0.90
	财产净收入	1570	3556	10520	13791	6.48	10.23	16.86	16.41
	转移净收入	2307	4420	12710	18181	9.52	12.72	20.37	21.64

资料来源:《北京统计年鉴2023》。

表9 2022年北京市、上海市城乡居民人均可支配收入来源结构比较

单位:元

项目		合计	工资性收入	经营净收入	财产净收入	转移净收入
农村居民人均可支配收入	北京	34753.8	24928.1	1849.6	3555.8	4420.3
	上海	39729.4	24644.2	2211.9	1372.1	11501.2
城镇居民人均可支配收入	北京	84023.1	51294.5	755.9	13791.4	18181.3
	上海	84034.0	51637.3	1448.6	11780.9	19167.2

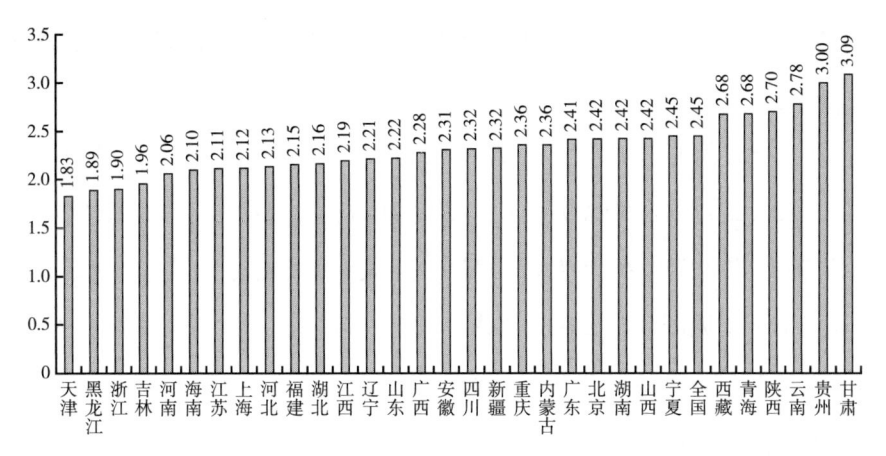

图 3 2022 年城镇居民人均可支配收入相当于农村居民人均可支配收入的倍数

近年来，北京市对农业农村发展的投入较多，但农业农村发展依靠"输血"较多、"造血"机制形成不畅的问题仍然比较突出。如全市农业农村投资超过 2/3 属于政府投资，政府投资对民间投资带动能力不足；许多乡村振兴项目直接支持市场主体，但难以形成对乡村振兴和农民增收的带动能力，甚至导致部分政府支持资金沉淀为企业资产甚至股东私产，或助长了乡村和农民的"等靠要"思想。2020 年的一项调研显示，全市仍有超过四成的村收不抵支，约 1/3 的村人均从集体获得收益为零。部分农村改革创新的先进典型对全国的影响力，也出现减弱现象。

（四）农村空心化、人口老龄化和农村技术、经营人才短缺问题凸显，龙头企业等新型涉农经营主体带动能力不足

北京市作为超大城市，非农就业机会多、收入高，农村许多年轻人都到城市打工了。由此导致农村空心化、人口老龄化叠加出现，年富力强且富有开拓创新精神的劳动力较为缺乏，甚至劳动力流失区与集体经济发展薄弱区高度重合。从 2015 年开始，北京市乡村人口呈现新一轮持续减少趋势。2014 年北京市乡村常住人口 293.1 万人，2022 年减少到 271.5 万人，年均递减 1%。从 2014 年到 2022 年，在北京市常住人口中，乡村人口占比由13.5%下降到12.4%；第一产业就业人员数由46.5万人减少到25.1万人，占常住就业人口数的比重由4.1%下降到2.2%。2014年，全市村民委员会个数、行政村常住户数、行政村常住人口、行政村从业人员数分别为3937个、225.2万户、606.9万人和357.0万人，2022年分别减少到3783个、217.7万户、559.6万人和333.3万人，分别减少了3.9%、3.3%、7.8%和6.6%（见图4）。2022年末，全市乡村人口数、乡村就业人员数、第一产业就业人员数分别为271万人、141万人和25万人，分别较2020年减少2万人、5万人和3万人。2022年，在31个省（区、市）中（不含港澳台），北京市乡村人口占总人口的比重仅高于上海市（10.7%）；乡村人口数和乡村就业人员数（年末）仅多于上海、宁夏、青海、西藏和天津，第一产业就业人员数（年末）仅多于上海市。

北京市60岁及以上人口、65岁及以上人口占总人口的比重，2012年分别为13.9%和9.2%；2022年分别提高到21.3%和15.1%。2022年，北京市60岁及以上人口、65岁及以上人口占总人口的比重分别高于同年全国平均水平1.5个和0.2个百分点。相对于城区，北京市农村人口的老龄化更为严重。根据我们对朝阳区的调研，许多农民已多年不从事农业生产，农业吸引本地人口就业的难度加大。在从事农业的农民中，65岁以上者占60%甚至70%以上。许多地方依托农户建设的大棚发展设施农业，但缺乏产业统筹规划，规模小、种植技术落后、集约化程度低，且设施老化等成为其突出问题。县乡两级农技人员少、年龄大、专业技术水平不高的问题也比较严重。村干部、村合作社负责人年龄老化、观念陈旧，在发展乡村集体经济和带动农民增收致富上缺乏开拓创新思路，导致许多地方乡村产业经营项目少，集体经济收入主要依靠集体房屋出租和百万亩造林政策性养护补贴形成的收入；许多地方精品民宿发展较好，但主要依靠外来公司投资经营或专业公司运营，村集体、合作社只能获得租金收入或"租金+分红"收入。有些地方林地资源较多，但发展林下经济基本处于空白状态。近年来，精品民宿是北京市乡村产业发展的一个突出亮点，但餐饮、文化娱乐等服务精细化程度低，伴手礼开发少，休闲配套、民宿配套设施和服务体验难以满足高品质消费需求，也与缺乏相关经营管理和创新人才有关。

此外，全市新型农业经营主体和农村产业融合主体少，对当地农户和区域产业链带动力弱。虽然也有少数企业影响力较大，但在全国较有影响的农业产业化龙头企业少仍是一个突出问题。如2023年5月18日农业农村部网站公布的1952家农业产业化国家重点龙头企业名单中，北京市46家，[①] 不足全国农业产业化国家重点龙头企业总数的2.4%。2023年4月由农业农村部和国家发展改革委等7部门联合公布的2022年共1919个国家农民合作社示范社名单中，北京市仅15家，不足总数的0.8%。[②] 有些新型农业经营主体甚至多属飞地经济，以自营农场为主，对农户带动力和本土产业链带动力弱。营商环境方面存在的问题，也在一定程度上制约了吸引优质企业和引进外来投资。近年来，北京市农户固定资产投资增速较快，但绝大多数属于住房投资，用于产业发展的比例明显低于全国平均水平。

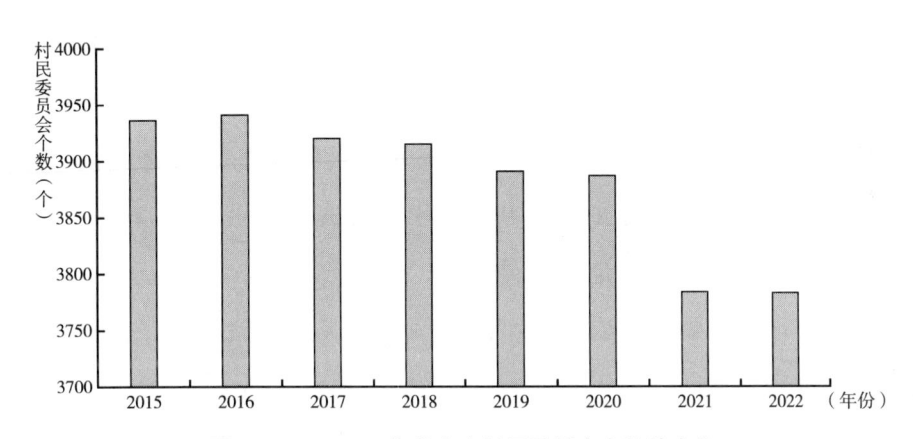

图4　2015~2022年北京市村民委员会个数的变化

[①] 资料来源：《农业产业化国家重点龙头企业名单》，http://www.xccys.mao.gov.cn/nycyh/202305/t20230518_6427885.htm。

[②] 资料来源：《农业农村部　国家发展改革委　水利部　税务总局　市场监管总局　国家林草局　供销合作总社关于公布2022年国家农民合作社示范社和全国农民用水合作示范组织名单的通知》，农业农村部网站，2023年4月12日，http://www.moa.gov.cn/govpublic/NCJJTZ/202304/t20230425_6426200.htm。

（五）农产品生产成本、机会成本高和耕地细碎化问题多，普适型农业政策对都市型现代农业发展的制约日趋凸显

以2022年苹果和中规模生猪为例，北京每50公斤主产品总成本分别为351.70元和991.19元，分别高于全国平均水平108.3%和20.7%。根据国家统计局北京调查总队发布的"2020年北京市外来新生代农民工监测报告"，2020年新生代农民工在居民服务、修理和其他服务业，制造业，建筑业，批发和零售业，住宿和餐饮业，交通运输、仓储和邮政业的月均收入分别为5195元、6017元、6587元、5888元、5668元、6489元；[①] 分别较全国平均水平高53.4%、46.9%、40.2%、66.7%、68.8%、34.8%。[②] 由自然资源部办公室印发的《乡村振兴用地政策指南（2023年）》，要求严格控制设施农业用地使用一般耕地，严禁占用永久基本农田。但相对于全国多数地区，北京市永久基本农田比例明显偏高，因此发展设施农业和精品民宿受现行土地政策约束较重。如大兴区作为北京传统农业大区，现有耕地面积共28.6万亩，其中永久基本农田及其储备区占比超过90%。在延庆区共22.7万亩耕地中，永久基本农田和永久基本农田储备区占比更高。按照京规自发〔2023〕168号文件，中心城区应当执行绿化隔离地区政策，而点状用地政策在绿化隔离地区不再适用，这导致朝阳、海淀、丰台等中心城区的乡村地区发展休闲农业和精品民宿、推进农文旅融合，在获得用地保障方面难度陡增。

此外，北京许多地方耕地地块规模小且布局分散，细碎化问题严重。如连片农用地块面积通常仅为200~300亩甚至更小，加之耕地资源稀缺，早期以长期租约流转出去的土地难以回收，导致近年来多数农民倾向于短租，

---

① 《2020年北京市外来新生代农民工监测报告》，北京市统计局、国家统计局北京调查总队网站，2021年7月2日，https://tjj.beijing.gov.cn/bwtt_31461/202401/t20240119-3541030.html。

② 《2020年农民工监测调查报告》，中国中央人民政府网，2021年4月30日，https://www.gov.cn/xinwen/2021-04/30/content_5604232.htm。

制约了土地整合和规模化种植生产，加大了推进农业机械化、发展精准农业、智慧农业、农业社会化服务和农产品运销等困难，容易增加农技、农机服务成本和人工成本。而且，北京市部分耕地甚至永久基本农田土壤质量不高。如朝阳区划定1.55万亩永久基本农田及储备区，其中近3年实施客土回填的田块整治地块较多，地力涵养至少需要4~5年；而且这些地块分布于12个乡、129块地，最小面积5.99亩。北京丰台区作为首都核心功能承载区，其北宫门镇农田利用仅限于完成耕地种植任务，但地块分散细碎，难以规模化利用，更难以在发展设施农业、休闲农业上形成规模收益，也影响农文旅融合、互联网和农业融合内涵的丰富和层次的提升。此外，在建设用地指标上客观存在"城与农争地"现象，制约新建配套种养设施和休闲农业设施，特别是在减量发展背景下，涉农区普遍存在挤压农村建设用地指标用于保障城镇产业园区发展的情况，导致许多地方农业和涉农产业发展往往面临缺乏大块晾晒用地、就近仓储和加工设施配套不足等问题，导致农产品收获后必须随行就市及时销售，缺乏议价权，不利于延伸涉农产业链、提升价值链。

此外，普适型农业政策对发展都市型现代农业的制约，不仅表现在用地政策上，在基础设施建设标准、农业科技推广、劳动力培训等方面均有突出表现。如北京部分地区土壤肥力偏弱，甚至涵养地力仍需若干年份积累，推进"良田工程"特别是加强高标准农田建设将面临大量资金需求。由于科技推广、劳动力培训等政策针对性不足，科研院所特别是中央属科研院所涉及农业及其关联产业链的科技创新成果，大部分不是在北京转移转化，而是到京外地区转移转化。此外，在现行农业中关村支持政策中，对于"博士农场"的身份认定与市属科研人员不能在职入股或创办企业的规定容易形成矛盾；采用后补助资助方式支持企业创新，也不利于发挥对初创企业的"雪中送炭"作用。

四 加快建设农业强国"北京方案"面临的条件、优势和潜力

（一）有利条件

1. 独特的区位优势和新时代首都城市战略定位，提供了其他地区难以模仿复制的比较优势

北京是我国首都，疏解北京非首都功能是北京城市规划建设的"牛鼻子"，北京城市规划建设必须明确"四个中心"战略定位，深入实施人文北京、科技北京、绿色北京战略，努力把北京建设成为国际一流的和谐宜居之都。因此，独特的区域优势和新时代首都城市战略定位，决定了北京农业及其关联产业发展应该面向加强"四个中心"建设、提高"四个服务"水平的需求。而加强"四个中心"建设、提高"四个服务"水平，也可望赋能北京市更好地参与农业强国建设。此外，加快建设现代化首都都市圈、纵深推进京津冀协同发展，也有利于北京市更好地腾挪发展空间，高质量参与农业强国建设。

2. 北京市经济社会发展水平高且高收入人口集中，有利于形成培育高端市场、特色市场的优势

北京市经济社会发达程度高，2022年人均GDP达到190313元，在31个省（区、市）中（不含港澳台），高出位居第二的上海市5.8%。2023年，北京市实现GDP 43760.7亿元，按不变价格计算，较上年增长5.2%，较同期上海市GDP实际增速快0.2个百分点。无论是常住人口，还是流动人口，北京都是高收入人口较为集中的城市。从常住人口来看，2022年北京市居民、城镇居民、农村居民人均可支配收入分别为77414.4元、84023.1元和34753.8元，分别高出全国平均水平109.9%、70.5%和72.6%；在31个省（区、市）中（不含港澳台），北京市居民、城镇居民

人均可支配收入仅略低于上海市，农村居民人均可支配收入仅略低于上海市和浙江省。2022年全市居民人均可支配收入按五等份分组，低收入户、中低收入户、中等收入户、中高收入户、高收入户人均可支配收入分别为27997元、51884元、72830元、97129元和162630元，分别较全国居民人均可支配收入五等份分组同组别收入水平高225.5%、168.6%、138.0%、104.9%和80.5%。2023年，北京市居民人均可支配收入81752元，实际增长超过5%；城镇居民、农村居民人均可支配收入分别为88650元和37358元，分别较上年同期名义增长5.5%和7.5%。[①] 作为首都，坚持和强化全国政治中心、文化中心、国际交往中心、科技创新中心功能，将会带动国内外高端收入群体、特色消费群体加速向北京流动和会聚，有利于北京发展品牌农业、特色农业、科技农业和推动农村一二三产业融合发展。近年来，北京正在扎实推进国际消费中心城市建设，这也有利于培育参与农业强国建设的高端市场、特色市场优势。

3. 北京现代化经济体系特别是现代服务业高度发达，聚力抓好"两区"建设还将进一步激发发展动力和活力

按照《北京市国民经济和社会发展第十四个五年规划和二〇三五年远景目标纲要》，北京市正在着力构建特色与活力兼备的现代化经济体系，并在率先探索融入新发展格局有效路径、全面激发"两区"[②] 新活力、建设全球数字经济标杆城市、打造更具活力的高精尖产业、建设国际消费中心城市等方面聚焦发力。尤其是近年来北京正在高标准推进"两区"建设，"积极开展规则、规制、管理、标准等制度型开放的先行先试，推动服务业扩大开放综合示范区建设再升级，实施自由贸易试验区提升行动，争创国家服务贸

---

① 《2023年北京经济持续回升向好 发展质量稳步提升》，北京市统计局、国家统计局北京调查总队网站，2024年1月19日，https：//tjj.beijing.gov.cn/zxfbu/202401/t20240119_3539777.html。
② 即国家服务业扩大开放综合示范区、中国（北京）自由贸易试验区。

易创新发展示范区和数字贸易示范区"。① 这些将为北京发挥自身优势和独特作用，在参与农业强国建设中发挥更大作用，提供日趋良好的环境条件。长期以来，北京市服务业，尤其是现代服务业高度发达，服务业占 GDP 比重明显高于其他各省（区、市）（不含港澳台）。2022 年，北京市服务业占 GDP 比重达到 83.9%，高出位居全国第二的上海市 9.8 个百分点；人均服务业增加值 159593 元，较上海市的 133350 元高 19.7%。2023 年，北京市服务业占 GDP 比重达到 84.8%。② 在这里，跨国公司总部、央企总部、金融企业总部较为集中，金融、会展、科技等现代服务业和数字经济发展优势突出，已经形成的新一代信息技术、科技服务业两个万亿级产业集群都与现代服务业发展密切相关。这些条件不仅为北京市涉农产业发展在获得创新要素支持方面提供了便利，也有利于北京市扬长避短，抢占涉农服务业发展先机，培育现代服务业引领现代农业发展新格局，打造农业会议会展等涉农服务业发展先锋城市和高端、精品、特色农业消费中心城市，培育对周边地区乃至全国农业及其关联产业链发展的领航和辐射功能。

4. 涉农科技和创新资源富集，有利于促进涉农产业链与创新链深度融合

北京是中国科学院、中国工程院、中国农科院和众多央属科研机构所在地，国内知名高校密集，是我国国家级研发资源、涉农研发力量最为富集的地区。这里拥有一批国家战略科技力量，集中了国家涉农科技创新的多数顶尖人才和精锐力量，在部分涉农科技创新领域已经成为全球农业科技创新的领跑者。北京农林科学院也是国内地方农科院的翘楚，在部分学科领域形成了较强的国际影响力。依托加快建设国际科技创新中心，近年来北京市加速推进农业中关村建设，旨在建成具有全国引领作用和全球影响力的农业科技

---

① 殷勇：《政府工作报告——二〇二三年一月十五日在北京市第十六届人民代表大会第一次会议上》，《北京日报》2023 年 1 月 28 日第 1 版。
② 《2023 年北京经济持续回升向好　发展质量稳步提升》，北京市统计局网站，2024 年 1 月 19 日，https://tjj.beijing.gov.cn/zxfbu/202401/t20240119_3539777.html。

创新中心，培育以平谷区为核心，核心区、拓展区和辐射区互利共促的总体布局。目前，农业中关村建设正在着力打造京瓦农业科技创新中心核心引擎，基本建成功能实验室和奶业、果业、温室园艺业三个创新分中心示范园，积极探索建立"政府+科研机构+企业"的"金三角"模式，培育高端科技创新人才聚集地、新型科技创新机构和"头部企业"聚集地，并在现代种业、生物技术、智慧农业、智能装备、营养健康、食品安全6大领域协同攻关和成果转化方面取得显著进展。依托这些有利条件，北京不仅在聚力提升原始创新能力上可以实现更大作为，在推进涉农科技成果转移转化、培育涉农创新型产业集群、促进涉农科技型企业家成长、强化企业创新主体地位、全面深化科技体制改革等方面，也有潜力发挥更大作用；甚至有潜力成为全国涉农科技创新和产业创新的策源地，有利于打造全国乃至全球科技农业引领区、创新引领农业发展先行区。

（二）农业强国建设"北京方案"需要重视的比较优势和发展潜力

1. 北京科技资源密集的优势能否转化为发展科技农业的优势存在较强不确定性，创新政策、完善激励机制至关重要

《北京市国民经济和社会发展第十四个五年规划和二〇三五年远景目标纲要》明确要求"打造更具活力的高精尖产业"，并将"提升都市型现代农业发展水平"作为其重要内容。发展科技农业，推进科技成果转化和产业化，促进现代涉农科技向农业产业链全程渗透，推动涉农产业链和创新链深度融合，建设现代涉农科技示范展示平台，培育其科教普及和旅游功能，是提升传统农业、提升都市型现代农业发展水平的重要途径，也是提升北京市农业及其关联产业链创新力、竞争力和可持续发展能力的重要抓手。由于现代科技往往具有多学科交叉、跨领域融合渗透等特征，科技农业往往存在"三高两大一协同两融合"的倾向，即科技含量、效益和风险高，投入和产出大，要求科技创新和产业创新协同推进，产业之间、数字经济与实体经济深度融合。现代种业、生物农业、

智慧农业、精准农业、会展农业都是科技农业的重要业态，通过培育科技农业在北京打造新潮流农业发源地，是北京农业发展的重要方向，也是北京建设国际科技创新中心的重要增长极。但是，科技农业不仅要体现科技创新和产业创新的先进性，还要体现较高的质量效益，较强的创新力、市场竞争力和可持续发展能力，既要"中看"也要"中用"。"华而不实""中看不中用"的科技农业不是北京科技农业的发展方向。农业农村部和北京市共同打造的中国·平谷农业"中关村"，将会成为促进央属单位涉农科技在京试验和成果转化的重要平台，成为发展涉农"高精尖"产业的领航力量。

但是，当前北京市科技农业发展仍然面临科技成果转化不畅、技术创新能力不强、投入不足等突出问题。[①] 由于涉农央地科技合作和产学研用金合作机制创新不足，北京对央属涉农科技资源"可望不可即"的问题仍在较大程度上存在，其科技成果转化和产业化"灯下黑"的现象还比较严重。由于科技成果孵化和转移转化的激励机制发育滞后，加之涉农企业数量少、规模小的问题比较突出，许多央属科技资源甚至选择到北京之外转移转化。由于涉农科技服务体系和科技型创新创业生态不健全，北京市还较多存在"涉农科学创新处于制高点、但技术创新较为一般"或科技创新"点上领先、面上一般"的问题，导致科技推广、成果转化和产业化能力弱成为普遍现象。这不仅影响围绕产业链部署创新链，更妨碍围绕创新链布局产业链，制约推进创新链带动产业链的进展。此外，央属企业、央属科技机构对北京农业的引领和示范带动作用不显著，也受到用地政策的影响。

2. 北京或许有可能成为华北地区或全国农产品加工业总部经济中心，但难以成为华北地区或京津冀农产品加工中心

北京少数农产品加工头部企业发达，具有引领全国的科技创新和产业创新能力；但北京往往属于其企业总部所在地，其产业领域则多遍布

---

① 季虹等：《北京发展科技农业的优势、问题及建议》，《新经济导刊》2021年第4期。

北京市外,如三元集团、德清源集团、大北农集团等。况且,许多农产品加工业适合布局在产地,北京许多农产品原料规模小、产业布局散,加之人工成本、运输成本、机会成本高,农产品加工业发展面临用地政策的局限性也较大,难以成为全国甚至京津冀地区农产品加工中心。况且,北京缺水,部分农产品加工业涉及用水较多,且容易形成水排放污染问题。水资源制约和对控制水排放污染的重视,也会约束其农产品加工业的发展,导致其难以成为华北地区抑或京津冀地区农产品加工业发展中心。至于北京有些农产品加工企业主要侧重于农产品营销、包装和创意设计、品牌推广等,把加工环节委托给其他地方的企业完成,这只能表明北京有可能成为农产品加工企业总部经济中心或功能总部聚集区,不能表明北京可以成为实质上的农产品加工中心。况且,现行用地政策也会导致北京市农产品加工业的发展,在加工或分包车间、晾晒场、冷库和分级、包装等项目"落地"方面,容易面临更大限制。

五 构建加快建设农业强国"北京方案"的战略导向

(一)面向和借力加强"四个中心"建设,提高"四个服务"水平

北京作为大国首都,大力加强"四个中心"建设、提高"四个服务"水平,是新时代首都发展的全部要义,也应是加快建设农业强国"北京方案"的行动准绳。做好新时代北京"三农"工作,构建农业强国建设的"北京方案",应该更好地借力"四个中心"建设,面向加强"四个中心"建设、提高"四个服务"水平的需求。

1. 始终把服务保障全国政治中心摆在首要位置,要求北京农业农村发展不仅要算经济账更要算政治账,要更加重视农业的多重功能价值

要从提高政治站位、确保政治安全的高度,推动新时代"三农"工作更好地维护经济安全、社会安全、文化安全、生态安全。如夯实食品安全、

"米袋子""菜篮子"保供底线、粮食和重要农产品应急物资储备基础，稳定并适度提高粮食、蔬菜和猪肉自给率，增强对首都民生、重大活动保障能力，这是加快建设农业强国"北京方案"的底线要求。从保障社会安全来看，要引导"三农"工作持续加强农村低收入人口增收工作，同时加强农产品市场调控、强化粮食和重要农产品应急物资储备保障能力，防范"米袋子""菜篮子"产品出现价格超常波动和临时性、阶段性短缺。北京生态涵养区超过全市面积的2/3，是首都重要的生态屏障和水源保护地，也是推进首都高质量发展的底蕴，是实施绿色北京战略的"压舱石"。北京生态涵养区的"绿水青山"，就是全市高质量发展的"金山银山"。要坚持生态优先导向，鼓励生态涵养区推进生态保护和绿色发展有机融合，发展适宜的资源节约、环境友好型产业和区域特色产业。

基于北京加强"四个中心"特别是全国政治中心建设的要求，北京农业发展固然需要注意提高农业劳动生产率、增强农业竞争力，但北京农业具有重要的生态涵养功能，是北京重要的生态屏障，这种作用更加值得重视。在激发农业多重功能价值、发展都市型现代农业的过程中，北京农业固然需要像其他大城市、特大城市的都市型现代农业那样，通过彰显生态、社会、文化、景观等多种功能价值和突出绿色低碳循环发展、品质发展，为农村居民提供宜居宜业和美的幸福家园，为城市居民享受休闲放松惬意的乡村生活提供幸福乐园。但仅有这点还是远远不够的。如北京的生态涵养区多是山区，是首都重要的生态屏障和水源保护地。这方面的价值仅算经济账是远远不够的。从国际经验来看，华盛顿哥伦比亚特区和东京分别作为美国和日本的首都，其农业发展都将重视农业多功能性放在突出地位。如美国首都华盛顿哥伦比亚特区的都市农业兼具生活、生态、文化、教育等多重功能，甚至通过都市农业从华盛顿哥伦比亚特区向华盛顿首都圈、"波士华大都市带"的延伸，形成都市圈、城市群内部有机联系的农业网络和都市农业景观；城市独特的都市农业网络，也是加强韧性城市建设的重要内容。日本东京重视通过振兴农业，发挥其在首都区域生态保护、教育示范、休闲保健，甚至防灾等方面的积极作用。因此，与其说东京都市农业是农业发展的独特形态，不如说它是稳定都市运行、拓展城市功能、推进城乡融合的重要载体。①

2. 北京农业农村发展与大多数省份难以比规模、比自然资源、比范围品类，但依托扎实推进全国文化中心等建设，仍然可以彰显燕风京韵的独特魅力和优势

农业农村是推进人文北京建设的重要窗口。北京围绕"一核一城三带两区"总体框架建设全国文化中心，其中大运河、长城、西山永定河"三条文化带"主体在乡村。近年来，北京市坚持以新时代首都发展为统领，深入实施人文北京、科技北京、绿色北京战略。在此背景下，与全国大多数省份相比，依托推进全国文化中心、国际交往中心、国际科技创新中心建设，北京农业农村在比文化内涵、比创意设计、比科技含量和发展理念方面，有基础、有潜力，也应该有勇气、有担当、有作为！加快建设农业强国的"北京方案"，应该坚持"生态优先、文化为魂、创新引领"导向，推动北京农业农村更好地建成农耕文化、古都文化、红色文化、京味文化和创新文化交融激荡的平台，推进北京精品、特色农产品和历史文化名镇名村、传统村落更好地体现燕风京韵。借此，更好地实现文化赋能乡村振兴，为激发乡村多重功能价值，为吸引资源、要素、人才向农业农村流动发挥"催化剂"作用，推动北京的宜居宜业和美乡村建设更好地彰显燕风京韵的独特魅力和竞争优势。

3. 持续推进国际交往中心建设有利于北京打造新潮流农业发源地，建设涉农服务业发展枢纽城市，并抢占国内外涉农产业链供应链竞争制高点

北京持续推进国际交往中心建设，有利于培育北京在全国涉农国际交往、涉农服务贸易中的领航功能，推动北京打造世界农业新理念新技术新业态新模式交融展示的枢纽城市。结合北京市高标准推进国家服务业扩大开放综合示范区、中国（北京）自由贸易试验区建设，培育北京

---

① 本部分美国、日本相关资料，参考了我请博士生巩惠臻、杨易所做的专题研究。

作为农业产业链供应链国际交流合作先锋城市、国际精品农业消费中心城市的功能，提升涉农国际文化节庆、展会展览和品牌赛事的国际影响力，打造国际精品农业（农资）博览会、世界种业大会、涉农行业组织或商会联盟论坛、国际康养农业论坛、国际创意农业设计周等会议会展品牌，鼓励国内外精品农业、品牌农业展销与国际电影节、国际音乐节、国际旅游节、国际时装周等文化节庆、品牌文化活动融合发展，培育在国内外富有影响力的农业总部经济中心、涉农创意设计中心等特色功能区。这有利于提升北京在国内外农业产业链供应链转型升级中的领航功能。

4. 加快建设国际科技创新中心有利于北京打造富有竞争力的现代农业科技创新策源地，建设农业产业链科技协同创新和集成转化引领区、农业科技成果试验示范和转化先行区，并打造农业高新技术企业密集区

北京涉农科技、人才等智力资源和科研大院大所、知名高校密集，正着力实施科技北京战略，加快建设国际科技创新中心，并将打造农业中关村等作为农业科技发展的主要任务，努力强化国家涉农创新战略力量的牵引作用和成果就地转化能力。这为科技赋能北京农业农村现代化提供了良好环境，也要求加快建设农业强国的"北京方案"更加重视以科技为底色和亮丽名片，推动打造富有首都特色的中国农业科技强市，强化在智慧农业、现代种业、设施农业、精品农业、数字农业发展等方面的比较优势。结合推进农村一二三产业融合发展和城乡融合发展，也可以打造在国内外富有影响的创意农业优势区、科技沉浸式旅游和体验式农业先行区，形成科技农业、创意农业和都市型现代农业融合发展新格局。

（二）推动"以大城市带动大京郊、大京郊服务大城市"和京津冀协同发展走深走实，创新推动都市型现代农业高质量发展和农村产业融合发展

北京市城镇化率高，人均收入水平明显高于全国平均水平，是全国高收

入人口和高端人才较为集中、国内外高收入人口和高端人才流动较为密集的现代化大都市；也是现代服务业高度发达，央企总部、跨国公司总部、各类金融企业总部、高等院校和科研院所较为密集的地区。

1. 坚持"以大城市带动大京郊"要求更加重视产业融合，打造富有竞争力的发展服务型农业先锋城市，培育都市型现代农业标杆城市

加快建设农业强国的"北京方案"必须拓宽视野，跳出农业抓农业、跳出农村抓农村，结合北京大国首都的市情农情，统筹考虑北京经济社会发展的比较优势，发挥大城市需求引领和服务带动作用。如面向高收入人口对农业农村发展，特别是对绿色生态空间和农业农村提供生活、生态、科教、文化、景观、休闲体验功能不断增长的需求，引领农业绿色化、设施化、园区化、融合化和数字化发展，培育高端农业、精品农业、特色农业新增长点，促进农村一二三产业深度融合、文化或数字技术与农业乡村产业深度融合，推进农业现代化与农村现代化耦合共生。发挥城市需求引领、城市服务业对农村服务业甚至农业产业链转型升级的带动作用，推进会展经济、文化旅游、创意设计、科技创新、数字经济、创新友好型金融与农业产业链融合发展，加快构建现代服务业引领农业乡村产业融合发展、城乡涉农产业链供应链协同耦合的发展格局。农业农村是北京旅游景点的重要载体，要结合发展北京旅游，推动具备条件的地区打造乡村旅游会客厅，带动北京农产品、乡村特色工艺品向旅游商品、文化礼品转化。借助这些方式，不仅可以带动北京农业由生产型农业向服务型农业转型，提升农业和乡村产业链附加值；还可以更好地培育北京对全国农业转型升级和农业农村现代化的引领带动功能，带动北京打造都市型现代农业产业融合和服务化转型先行区。

2. 坚持"大京郊服务大城市"要求更加重视发展生产、生活、生态、文化有机结合的现代农业，引导农业发展加快实现由生产导向向消费导向、服务导向转变

加快建设农业强国的"北京方案"要求面向大都市运行发展需求，结合北京超过六成山区和打造生态沟域等有利条件，将提升农业质量效益竞争

力同激发农业的多功能性结合起来，以发展都市型现代农业作为北京农业发展的主攻方向，将夯实"米袋子""菜篮子"稳产保供底线与顺应城乡消费结构升级需求结合起来，重视消费需求分化和服务消费、体验消费不断增长的趋势。2023年农林牧渔业增加值占北京市GDP的比重仅0.2%，但农业占GDP的比重越低，越要注重夯实农业对保障农产品有效供给的底线作用，加强对农业多功能性的支持。从许多发达国家的经验来看，都市农业作为一种地域形态的农业，服务于城市居民需求，为城市提供可持续、稳定的地方食物系统和都市农业景观，在提升食物供应系统的韧性和灵活性方面发挥了独特作用。日本东京也注意通过都市农业邻近市场的供应优势，满足市民对新鲜时令农产品的需求。

3. 加快建设农业强国的"北京方案"要注意跳出北京看北京，鼓励打造京津冀涉农协同创新共同体，培育"米袋子""菜篮子"稳产保供共同体

近年来，我国积极推进首都经济圈打造，加快构建京津冀更加紧密的协同发展格局不断取得进展。扎实推进环京周边农产品供应基地建设，增强首都市场蔬菜保供能力，就是其中重要内容之一。从打造现代化首都都市圈的战略全局出发，要注意引导京津冀涉农产业链供应链梯次分布、分工协作、优势互补、合作共赢，鼓励跨区域涉农产业联盟发挥作用。加强环北京肉蛋菜奶产品自控基地和重要农产品应急储备基地建设，鼓励农业产业化龙头企业建立稳定可控的环北京生猪养殖和屠宰加工基地。疏通农产品内外物流渠道、完善农产品现代流通网络布局，对于增强北京"米袋子""菜篮子"产品供给保障能力，也具有举足轻重的地位。

（三）构建农业强国建设的"北京方案"未必要北京成为其他省（区、市）推进农业农村现代化的样板，但最好能推动北京走出一条别具一格的、具有新时代大国首都特点的超大城市都市型现代农业发展道路

基于北京市情农情和北京在全国农业中所处方位，构建加快建设农业

强国的"北京方案",可能更多的不是要求北京在推进全国的农业农村现代化方面先行一步,成为普通省份提升农业及其关联产业链供应链创新力、竞争力、可持续发展能力的先行样板;而是要推动北京走出一条别具一格且具有大国首都特点的超大城市都市型现代农业发展道路,最终建成全国乃至全球发展都市型现代农业的先锋城市,并在发展都市型现代农业和提升其创新力、竞争力、可持续发展能力方面,形成鲜明的大国首都特色。与此同时,要利用北京在科技创新、市场创新、服务创新等方面的资源优势和发展潜力,培育其在相关领域对全国加快建设农业强国的"引擎"作用和领航功能。

六 构建农业强国建设"北京方案"的战略思路和建议

(一)廓清打造全国乃至全球都市型现代农业发展先锋城市的方向,推动普适型农业政策向专用型农业政策转型

作为超大城市,北京发展都市型现代农业的特殊性,以及作为首都,北京坚持"四个中心"、面向"四个服务"的特殊要求,决定了简单套用对多数省份适用的普适型农业政策,难以有效支持北京农业的高质量发展,也难以支撑高质量的农业强国建设"北京方案"运行。从前述北京参与农业强国建设面临的问题,农业强国建设"北京方案"面临的条件、优势和潜力,特别是构建农业强国建设"北京方案"的战略导向可见,过于强调普适性农业政策难以有效支撑高质量的农业强国建设"北京方案"实施。从国际经验和北京发展的战略需求来看,北京市要聚焦打造在全国乃至全球富有影响的都市型现代农业发展先锋城市,单靠北京或其相关区县自身是难以根本解决问题的。其中相当一部分问题,带有都市型甚至超大城市都市型现代农业的特殊性。如前述北京许多地方耕地地块规模小且布局散,细碎化问题严重;东京都市圈的都市农业往往也在城市内部形成

"插花式""零星式"分布。可见,这属于超大城市特别是作为首都的超大城市都市型现代农业资源禀赋的特殊性。对于这类特殊地区,简单套用对多数省份、多数地区普遍适用的普适型农业政策,容易导致政策失灵,影响农业发展的质量效益竞争力。虽然在全国范围内实行最严格的耕地保护制度、坚守耕地和永久基本农田保护红线是必要的,但考虑到在北京现有耕地中永久基本农田占比明显偏高,在此背景下,如果严格执行"永久基本农田重点用于发展粮食生产"和"禁止以设施农用地为名违规占用永久基本农田建设休闲旅游、仓储厂房等设施""临时用地和设施农用地原则上不得占用永久基本农田"等政策,北京都市型现代农业发展和农业结构的优化调整,选择空间将不是很大,推进其高质量发展难度更大。

因此,构建农业强国建设的"北京方案",亟待积极争取中央有关部门支持,在推进北京市涉农政策创新和深化改革、完善制度上加大力度,借此增强其对北京发展都市型现代农业的针对性和有效性。考虑到深入落实新时代首都城市战略定位,进一步优化提升首都功能,要求坚持首都规划权属党中央,情况更是如此。简单套用对多数省份普遍适用的农业政策,有可能导致北京等超大城市都市型现代农业的发展,相对于普通省份的农业更容易面临"负重前行"问题。建议遵循"试点先行、局部探索、稳中求进"原则,鼓励北京或其相关县区、功能区开展改革试验,在土地政策、基础设施建设等方面,探索同常规农业有所不同的支持政策体系。考虑到北京经济发达,创新对北京农业发展的支持政策,建议更多采取"中央出政策、地方出资金"的方式,允许北京在自愿前提下自费开展不同类型地区发展都市型现代农业的改革试验,适度放松对涉农土地政策等的要求,支持北京市为其他大城市、超大城市探索都市型现代农业发展的模式,发挥经验借鉴和改革引领作用。

鉴于发展都市型现代农业对提升农业劳动生产率的负面影响,在政策设计上要注意跳出农业看农业,将关注重点从农业劳动生产率转向涉农产业链覆盖全程的劳动生产率上;观察农业价值和功能作用也应在重视生产功能和直接经济价值的同时，更多关注农业及其关联产业链供应链的生活、生态、科教、文化甚至美学价值，更多重视农业的多功能性，特别是生态涵养和北京地区生态屏障功能。

（二）引导北京农业发展更多聚焦提升精品农业、短链农业、科技农业和农村产业融合发展水平，形成都市型现代农业发展的圈层结构

基于前文分析，在北京按其他地区的常规方式发展农业，难以形成较高的质量效益竞争力。北京农业发展应结合夯实重要农产品保供底线要求，明确超大城市都市型现代农业发展方向，并将发展都市型现代农业作为加强韧性城市建设的重要内容。在此前提下，构建农业强国建设的"北京方案"应注意引导北京农业更多聚焦于发展精品农业、短链农业、科技农业，并提升涉农产业融合发展水平。所谓精品农业，注重农业的高端化、品牌化发展和农业特色、小众细分市场开发。所谓短链农业，有别于常规农业追求延伸产业链、提升价值链的发展方式，通过缩短农产品运输过程以减少碳排放，通过增加农产品生产流通过程对消费者的透明度以提升农产品质量和食品安全水平。所谓科技农业，强调强化科技对现代农业产业链供应链的引领支撑带动作用。结合发展精品农业、短链农业、科技农业，并提升农村产业融合发展水平，提高农产品价格和农业附加值，增强农业及其关联产业链的创新力、竞争力和可持续发展能力。这在北京具有消费市场优势，又有利于化解农产品生产、流通成本高的难题。要鼓励北京市结合推进农村一二三产业融合发展，激发农业及其关联产业的多重功能价值，发挥其他国家、其他地区农业难以替代的本地化服务功能。

要结合创新政策，引导形成都市型现代农业发展的圈层结构。在现有基础上，引导不同圈层农业探索不同的发展方向。建议研究以下方案的可行性。即：（1）在朝阳、海淀、丰台等中心城区，鼓励发展市民农园、会展农业和涉农展会经济等，鼓励加强都市型现代农业创新平台和创业孵化基地

建设。谨慎考虑是否要设置或在多大程度上设置粮食、蔬菜生产考核任务。借鉴日本东京、美国华盛顿特区的经验，鼓励市民利用边际耕地或零碎耕地、插花地兴办银发族农园、社区农园和耕种社区等，甚至建设屋顶农场。（2）在近郊农业发展圈，鼓励结合发展都市型现代农业，创办科技农场、农耕体验和农业科普、亲子教育等，支持建设镶嵌于城市社区的区域农贸市场。鼓励因地制宜地发展蔬菜、花卉和地方特色水果种植和特色水产养殖，鼓励发展设施农业、兴办垂直农场等。（3）在平原农业发展圈，适当放松对粮食生产的考核要求，稳定蔬菜生产任务，鼓励发展特色蔬菜、花卉种植和设施农业、涉农创意产业等。（4）在生态涵养区：鼓励发展特色农业、全域有机农业和林下经济。

（三）加强政策引导和资金支持，创新对都市型现代农业发展的支持方式

建议：（1）实施都市型现代农业带头人提升工程，提升涉农企业家素质和创新创业能力。引导农业产业化龙头企业协同提升科技创新、业态创新、产业带动和服务保障能力。（2）引导科技人员向科技特派员或科技创业带头人转型，鼓励协同打造区域公共品牌、产业链联合品牌和产学研用金合作平台。实施都市型现代农业创业计划、科技人员进农村创业计划等，鼓励科技人员向涉农科技型企业家转型，加大对科技型创业的支持力度。（3）优先支持现代服务业同先进制造业、现代农业融合发展，探索服务引领、需求导向的都市型现代农业发展方式。[①]（4）打造科技创业孵化基地。以平谷农业中关村为龙头，以现代农业科技园、农业产业化示范园为节点，完善支持措施，鼓励提升涉农科技型企业孵化器和科技特派员创业基地功能，培育集科技示范、技术集成、成果转化、融资孵化、创新创业、平台服务于一体的涉农众创空间——星创天地，形成有利于农业高新技术企业和涉农高精尖

---

① 姜长云：《如何看待都市型现代农业劳动生产率的特殊性——以北京市为例》，《华中农业大学学报》（社会科学版）2024年第3期。

产业孵化培育的创新创业生态。鼓励建设现代农业科技创新联盟，支持其发挥引领作用，形成涉农产业链、创新链协同创新共同体。鼓励风险投资等创新友好型金融，加强对小微科技型初创企业和专业技术人员创业的支持。

(5) 实施央智惠京计划。加强资金支持和政策引导，鼓励央属科技资源面向北京涉农产业进行科技成果孵化和转化，建立科技成果中试基地。建议实施央属科技惠京银发工程，争取中央相关部门支持开展改革试验，允许甚至鼓励央属科技机构退休干部和专业技术人员在北京开展科技型创业。

（四）完善激励机制，鼓励打造外埠农业合作发展基地和合作农业发展圈

基于北京坚持"四个中心"、面向"四个服务"的特殊要求，北京市要注意稳定并适度提高重要农产品自给率，加强粮食和重要农产品应急保障基地建设。鉴于北京市实际上处于河北省环绕之中，应结合加快构建京津冀更加紧密的协同发展格局，来考虑这一问题。建议进一步支持北京市在河北省甚至邻近的辽宁省和内蒙古自治区建立外埠粮食和重要农产品供应基地，加强"米袋子""菜篮子"产品保供或应急保供基地建设，拓展夯实保障粮食和重要农产品供给底线的选择空间。结合京津冀协同发展和深化同周边地区合作，建议在严格执行首都规划重大事项向党中央请示报告制度的前提下，鼓励北京和河北、辽宁、内蒙古等周边省份在双方自愿协商基础上，开展建立粮食产销区省际横向利益补偿机制的改革探索；或依据"跨省域补充耕地国家统筹管理办法"，探讨北京同周边省份加强合作，建立耕地补充特别是高标准农田建设合作机制的可能性。在此前提下，探索可否有限放松对北京市利用永久基本农田种植粮食、蔬菜等任务要求，对有条件的地方允许其在不破坏耕作层的前提下，在其需要综合整治和涵养地力的永久基本农田中拿出一定比例的耕地发展设施农业或作为农业、农村产业融合配套设施用地。[①]

---

① 姜长云：《如何看待都市型现代农业劳动生产率的特殊性——以北京市为例》，《华中农业大学学报》（社会科学版）2024年第3期。

此外，加强农业中关村建设，对于发挥北京涉农科技和创新资源密集优势，增强北京对周边地区乃至全国农业及其关联产业链发展的领航和辐射能力具有重要意义。从中长期来看，优化农业农村发展的空间布局，引导乡村人口、经济甚至涉农关联产业向中心镇、中心村或区县城适度集中，对于高质量推进加快建设农业强国的"北京方案"也有重要意义。要从战略上注意这一问题。

作者：姜长云，中国宏观经济研究院（北京市，100038）

扬弃、继承与新人塑造：乡村社会治理的时代挑战
——来自浙江海宁、义乌、温岭田野研究的思考

张乐天

内容提要 乡村社会治理是一场中国式现代化进程中亿万干部、民众参与的探索性实践，改革开放以来，浙江海宁、义乌、温岭已经创造具有借鉴意义的乡村社会治理经验，而遍及浙江全省的美丽乡村更向我们展示了美好生活的景象。但是，中国式现代化还未展开其全部丰富的内涵，乡村社会治理还在进行中。本文通过对浙江海宁、义乌、温岭等地的田野研究，探讨了乡村社会治理在应对新时代挑战、推动乡村振兴过程中的重要作用及其内在逻辑，强调了乡村社会治理不仅是对乡村社会经济问题的应对策略，更是一个深度变革乡村社会结构、价值观念与个体身份的综合性过程。这一过程通过扬弃传统村落社会的某些消极要素，继承和发扬其中积极的传统美德，塑造能够适应市场经济、遵循法治精神、具备现代公民素质的新一代农民，为乡村经济社会发展与乡村振兴奠定坚实的社会基础。

关 键 词 乡村社会治理　乡村振兴　浙江

任何重要范畴的出现都对应着一个新的时代。当社会生活实践出现了新的情况、新的态势、新的特征、新的矛盾甚至冲突时，我们总会力图切实了解纷繁复杂的社会实践并从中发现、提出新的范畴，以比较贴切地理解、把握新的实践。于是，理论与实践之间的辩证关系出现了，在这其中，唯有来

自实践的理论才是真实的，也唯有真实的理论才可能为实践提供启示。本文将以浙江海宁、义乌、温岭的田野研究为基础，试图围绕"乡村社会治理"这个重要范畴做一些具体分析，以抛砖引玉，激发更多讨论，进而促进乡村社会治理实践的开展，为中国式现代化添砖加瓦。

一 一个时代话题的出现

新中国成立以后，乡村先后经历了土地改革、农业合作化运动以及人民公社最初尝试的挫折，1962 年，富有中国特色的"三级所有，队为基础"的人民公社制度正式定型，成为中国乡村社会的基本制度。除了系统、完整的党、政权力体系以外，从乡村社会的视角看，人民公社的几个重要特征值得关注。其一，人民公社保留或者重塑了浙江农村传统自然村落的生产、生活空间。[①] 其二，国家严格限制人口流动，农民一年四季都留守在土地上从事农业生产，生活在"生于斯，长于斯"的熟人圈子里。其三，乡村生产、生活高度自给自足，从粮食、柴草、油料一直到猪肉、鱼等等，都实行"交足国家的，留足集体的，其余都是农民的"。其四，乡村生产力水平极低，生活十分艰苦。以义乌为例，直到 1980 年，义乌全县工业总产值仅占工农业总产值的 38.4%，绝大部分劳动力务农，全县人均 GDP 仅 235 元。[②] 以上的特征说明，在新中国成立以后的几十年里，乡村社会依然停留在传统自然村落的状态中。因此，在"三级所有，队为基础"的人民公社制度中，尽管经历过"四清运动"与"文化大革命"，革命运动引发的村落内部矛盾、冲突一定程度上撕裂了传统的人际关系，但随着时间的推移，村落文化所积淀下来的强有力的"稳定机制"不断修复着村落秩序，使人民公社时期的乡村保持着生产的增

[①] 张乐天：《告别理想——人民公社制度研究》，上海人民出版社，2012，第 6 页；曹锦清、张乐天、陈中亚：《当代浙北乡村的社会文化变迁》，上海人民出版社，2014，第 2 页。

[②] 张乐天、魏霞：《乡村与中国式现代化的当下实践——来自义乌的启示》，《上海市社会主义学院学报》2024 年第 1 期。

长与正常的生活环境。

改革开放启动了乡村经济社会发展的新时代。人民公社的制度桎梏消解了。无数农民义无反顾地脱离土地，走出村落，欢呼着"我们自由了"，投身到工商业经济的洪流中，不得不与无数素不相识的陌生人打交道。

问题出现了。在海宁农村，有人租了邻居的土地养甲鱼，说好每年800元租用费，但是，养鱼人赚得多了，邻居反目，熟人间无法协调，导致破坏鱼塘行为频频发生。诸如此类的问题如何解决？在义乌，小商品市场的繁荣背后是假冒商品流行、伪劣产品占市，三角债让人头疼，打牌赌博屡禁不止，小商品市场如何才能正常发展？温岭渔村的改制比较晚一些，由于渔村的资产相对较多一些，渔民们改制的意见呈现巨大的分歧，如何在渔民间合理"承包"成为一大困境。

改革开放源自国家部分放弃对于乡村社会的强制管理，新问题不可能用旧的社会管理方式来解决；另外，面对着市场经济、陌生人互动中出现的问题，村落文化的"稳定机制"难以发挥作用。改革开放实践中出现的问题呼唤着新的解决方案，于是，乡村社会治理应运而生了。社会治理是政府、社会组织、企事业单位、社区以及个人等多种主体通过平等的合作、对话、协商、沟通等方式，依法对社会事务、社会组织和社会生活进行引导和规范，最终实现公共利益最大化的过程。乡村社会治理协同各方，合作互动，在广大人民群众的共同参与中解决乡村经济社会发展中遭遇的种种问题，建设乡村社会主义市场新秩序，创造美丽乡村新生活。

乡村社会治理的内涵十分丰富，涉及体制、组织、文化创新以及社会公平、人的进步；乡村社会治理的实践每天都在纷繁复杂的日常社会生活中展开，深入观察，让人目不暇接。概括地说，乡村社会治理可以从两个方面观察，"怎么做"与"做什么"，或者说方法与目标。前者涉及制度设计、工作方法选择、操作程序安排等等，需要花大力气认真仔细地研究。后者涉及微观与宏观两个层次。微观层次指社会治理中实现具体的工作目标，这是每一次社会治理实务必须实现的；宏观层次涉及社会治理中"人"的状态，这超越了处理问题中"头疼医头,脚疼医脚"的就事论事,而是关注在处理"事"的过程中如何改变"人"。在一般情况下,宏观目标不会成为操作性目标,治理主体却应当在评估、指导乡村社会治理中了然于心。进一步说,"人的问题"才是乡村社会治理中更根本的问题,只有人(农民)适应了新的时代,实现了从传统农民向现代新人的转型,才能创造美好的新生活。

本文以浙江海宁、义乌、温岭等地田野研究为基础,聚焦于乡村社会治理中的宏观目标,即"人的问题"。"人的问题"中的"人"不是抽象的、虚无缥缈的,而是曾经长期生活在以精耕农业为基础的村落共同体中的农民。随着改革开放时代的来临,他们自觉地或者被裹挟地卷入市场经济的大潮中,卷入乡村社会治理的洪流中;他们智慧地、勇敢地接受了时代的挑战,实现着"实践启蒙",不断地改变着农民的形象。

浙江的故事是富有启迪的。

二 扬弃:历史转折中的"阵痛"

改革开放以来,浙江海宁、义乌、温岭等地的经济社会发展令人兴奋,但伴随着发展而来的问题令无数老百姓头痛,令地方政府着急。20世纪80年代中期,义乌小商品市场的交易十分兴旺,但义乌小商品市场及周边的经济社会秩序让人对义乌的前景打了个大大的问号。有些经营者把别人的货拿去,甚至把别人装好车的货趁着混乱运到自己那里;有的讲好买两件货,偷偷拿了三件货;有的质量不好,几次三番都不肯退货;等等。纠纷一旦发生,就争吵不止,甚至还挥拳打架。小商品市场及周边社区赌博流行,环境"脏乱差"。一直到20世纪90年代初期,义乌小商品市场的情况仍不如人意。1992年,义乌工商、税务等有关部门与义乌市场治安委员会协同合作,共同整治市场、社会环境,每天都召开数次不同层次、不同类型的社会治理会议,共查处各类违法违章事件627件。

除了小商品市场及周边社区以外,义乌、海宁的乡村都出现了伴随着经济发展而来的环境污染问题，随着农民生活方式改变、外地人口大量涌入，出现了生活环境的"不堪入目"。村落内部也出现了许多难以想象的问题。例如，海宁联民村朱某尧养甲鱼，由于收入较高，邻居"眼红"，开始向朱某尧要求每亩田的租金"翻倍"。朱某尧当然不同意，于是，邻居们就开始"让朱某尧每天不得安宁"，有人今天在朱某尧的甲鱼塘东边挖个洞，放掉塘里的水；有人明天直接偷甲鱼到街上去卖；后天，又有人把朱某尧养甲鱼的围栏打烂；如此等等，扰得朱某尧不得不请村里出面进行协调。诸如此类的问题每天都发生，乡村社会治理每天面临着挑战。

浙江乡村经济社会发展中出现的问题不是少数人的问题，不同的问题牵涉到不同的人，有些问题，如本地居民与外来人口的关系问题，与乡村中所有的人直接相关。例如，截至2005年12月20日，义乌市共登记外来暂住人口达828328人，大大超过了义乌当地居民。在外来人口中，18岁以上的劳动人口占比90%以上，外来人口最多的省份是江西、安徽与河南。[①] 面临这种情况，如何处理与外来人口关系的问题成为义乌社会治理中一个人人必须面对的问题。因此，乡村社会治理如同乡村经济发展一样，参与面极其广泛，地方党和政府、各类的群众组织、多种形式的社会组织以及广大人民群众都可能以不同的方式成为乡村社会治理的主体。[②]

在浙江海宁、义乌与温岭，地方干部与普通大众都不由自主地被"卷入"乡村社会治理的历史过程中，并使乡村社会治理呈现一个鲜明的时代特征："向前导向"。改革开放以来乡村经济社会的问题源自传统农民思想观念、行为方式的"滞后"。他们搏击于市场经济的洪流中，却以自然经济

[①] 韩福国等：《新型产业工人与中国工会——"义乌工会社会化维权模式"研究》，上海人民出版社，2008，第37~41页。

[②] 在义乌，人民大众的有组织参与值得关注。义乌是行业协会最发达的地方，更值得关注的是个体工商者联合会在乡村社会治理中的重要作用。据义乌县志介绍，义乌最早于1982年建立稠城镇个体工商者联合会。1983年全县各区、镇和县小商品市场先后成立个体劳动者协会。1985年1月22日成立县个体劳动者协会。县小商品市场和佛堂镇两个协会分别成立治安保卫委员会，协助公安部门维持市场秩序与市场周边的社会秩序。到1995年，仅义乌小商品城个体工商业协会就有会员47200余名。

的方式应对；他们进入了陌生人世界，却用熟人社会的眼光看待人与事；如此等等。问题必然出现，而"返回传统"不仅无助于问题的解决，反而会"越弄越糟"。因此，现实本身逼迫他们不得不告别村落共同体中某些与中国式现代化进程相悖的价值观，不得不扬弃熟人社会中的"活法"，接受现代的观念与交往方式。

农民大众要走向现代生活，不得不告别过去。这是一个"痛苦"的过程，是历史转折中的"阵痛"。这更是一个乡村干部与农民大众的自我教育、自我改造、自我提升、自我转型过程，一个"实践启蒙"的过程。

"告别过去"是全方位的，其中以下几个方面的"告别"尤其需要关注。

（一）告别狭隘的人观

我的家乡海宁联民村过去总把阴历八月十八观潮称为"看大脚白头颈"，那一天，村里的农民们如同看猴子一样看与自己不一样的城里人。村落里的农民把熟人、亲戚、朋友等看成与自己同类的"我群体"，看其他人则是"他群体"，可以"观赏"，可以欺负。推而广之，我国其他地方也可能存在地域歧视。20世纪80年代初期，义乌小商品市场吸引了来自全国各地的人，如何对待外地人挑战着义乌本地人。义乌做了大量工作让"新义乌人"感觉到"义乌就是自己的家"，原义乌小商品市场治安委员会主任冯爱倩的工作引人关注。有一次，一个石家庄人在市场及周边地区发传单，冯爱倩闻讯，很快赶到现场，组织相关人员开展对话，问题与5000元货款相关。冯爱倩反复做工作，特别强调义乌应当"优先考虑外地人的处境"，但是，义乌商人就是不肯妥协。最后，冯爱倩毫不犹豫地从自己包里拿出5000元给了石家庄商人，并叫义乌商人立刻发货。问题解决了，石家庄人满意了，义乌人受到了教育。

（二）告别自然的等差观

自然村落共同体是血缘地缘合一生存空间，存在着以辈分为基础的自然等差观,长期以来,从这种自然等差观出发,农民们认同人与人之间存在着等级差异。[1] 农民们习惯于依附"上面",傲待"下面"。[2] 这种自然等差观渗透在工作、生活中,如何在乡村社会治理的过程中克服这种落后的文化,树立平等、尊重的观念,是开展乡村社会治理的人面临的挑战。浙江温岭创造了十分宝贵的经验。温岭的做法是,干部"放低身段,穿平民的衣服,到平民中去,与平民促膝谈心"。在温岭,梁云波先生长期从事乡村社会治理,不遗余力推动全过程人民民主,他认为,只有干部让自己像"金鱼缸里的金鱼"一般地"透明",才可能强有力地消解农民中的自然等差观,推动平等与尊重蔚然成风。

(三)告别模糊的经济观

农民有着一套特殊的关于经济与行为的观念,大家在日常交往中"不算账",但各自心里都有"一本账"。如果共同参与一件事,农民总是期待利益人人分享,不能某人获利太多。前面提到的海宁朱某尧事件是乡村社会治理中如何应对农民经济观的案例。最初,朱某尧要求大家帮助提供土地,支持他养殖甲鱼,他支付每年每亩土地800元租金。邻居们满口答应,一篓子支持的话,一起签了三年合同。有的内心暗暗高兴,因为他们自己种植的话,还没有这个收益。养殖第一年,朱某尧亏损,大家没有话说。养殖第二年,朱某尧至少每亩鱼塘可赚3000元,邻居有人提出提高租金,朱某尧没有理睬,于是出现了本文上面说的情况。盐官镇、联民村派干部出面到农民那里协调,但很难"摆平"。后来,干部们想出了一个既维护合同权威,又能"安抚"农民的方案,让朱某尧给邻居们送较重的礼,且承诺在第一期合同到期以后,第二期合同提高租金。在海宁、义乌,在处理相关事件中,

---

[1] 赵树凯等:《中国式现代化视域下的基层社会治理——学习贯彻党的二十大精神专家笔谈》,《治理研究》2023年第4期。
[2] 我们从上海新冠病毒期间"封小区"的情况中注意到,这种来自传统村落文化的"自然等差观"具有极强的惯性,在上海这座最具现代性的城市,基层仍有许多人一旦权在手,便把令来行,蔑视法制,甚至胡作非为。

我们注意到这种"过渡方案"的作用，这是地方干部机智维护契约权威的巧妙方法。

（四）告别滥用的人情观

梁漱溟特别强调人情在中国人生命中的重要性、在村落共同体中的优先性，梁先生说："因情而有义，在生活上，时则彼此顾恤，互相保障；时则彼此礼让，力求相安。伦理关系实即义务关系。于是乃此社会中每一个人，对于其四面八方若远若近的伦理关系，负有若轻若重的义务。同时其四面八方与其有伦理关系的人，亦对他负有义务。就是这样，将社会上的人都连锁起来（我前说中国人并不散漫以此），而巩固安定之。"[①] 梁先生谈的人情观指的是熟人关系中的价值观与行为准则。只是，一旦把这种人情观无原则地搬用到市场经济活动中，就可能产生难以想象的问题。在乡村社会治理中，少数企业家"以身示错"给农民大众以警示，而他们的"倒霉"引发的许多社会问题也曾经成为乡村社会治理中的难题。在海宁，朱某祥曾经是一位年轻有为的企业家，他创办了海宁祥成机械厂、海盐祥成金属制品有限公司，2011年全年销售1.2亿元。但是，他为"干弟弟"担保，又"闭着眼睛给了干弟弟五十多笔借款"，结果导致破产，本人被限制消费，成了海宁一名被村落共同体伦理之"情"压倒、被传统因"难为情"而"不计算"摧毁的企业家。更麻烦的是，企业破产引发了一系列的社会问题，乡镇出面调解仍难以解决，有一段时间，朱某祥无法在盐官地区生活下去，逃到外地，直到十年以后才"敢"回海宁。

（五）告别熟人共同体意识

农民的公共意识只局限于熟人共同体中，一旦走出熟人共同体、进入陌生人世界，农民们的行为可能"失范"。义乌小商品市场20世纪80年代出现的一系列混乱与此相关，而围绕义乌小商品市场及周边地区开展的社会治理，

---

① 翟奎凤选编《梁漱溟文存》，江苏人民出版社，2014，第468页。

重点就在于克服熟人共同体意识,创造良好的公共空间。当时,义乌个体劳动者协会强调"自我教育、自我服务、自我管理",组织广大工商户开展"户户讲道德,店店无假货"活动,进行"职业道德规范"教育,荣获国家工商行政管理局和中国个体劳动者协会颁发的"个体劳动者职业道德教育先进单位"称号。他们组织评选了"五好经营户"和"优秀私营企业",5300余个摊(店)挂上文明摊(店)牌子,全市场1000余名党员在摊上亮出共产党身份,接受监督。他们在小商品城市场内设17个大组410个小组,分别从不同层面主动协助、积极配合工商、税务、公安部门,打击偷逃税、抢劫、盗窃、赌博等,稳定市场。他们中每天都有6~8名同志轮流值班,协助市场管理部门维护市场经营秩序,调解与处理各种纠纷。[①] 义乌小商品市场本身就是一个社会,有很多人前店后厂,旁边就是家,市场周边社区主要住着来自全国的人。经过坚持不懈的社会治理,人们的公共意识极大地增强了,到2000年初,义乌小商品市场及周边地区的秩序与文明受到人们的广泛称赞。

三 继承:传统美德在乡村社会治理中重生

问题出现了,不解决无法前行;矛盾、冲突产生了,如何化解矛盾、冲突困惑着当事人与地方干部。乡村社会治理应运而生。我们反观改革开放以来海宁、义乌、温岭等地社会治理的开展情况,一个疑问在头脑里产生了:为什么乡村社会治理能解决问题、缓解矛盾,从而创造良好的经济运行与社会生活环境?

社会生活每天都以强大的惯性维系着"人人熟知的日子",这种惯性不只是文化上的,更是社会与人的存在本身的特征。生活惯性所提供的安全感、秩序感是人得以正常生产、生活所必需的、无可替代的。就乡村社会而言,新中国的成立带来了一个新时代,但恰恰是传统村落共同体的稳定、持

[①] 罗仲伟:《经济治理中的政府与社会——关于义乌市小商品市场中社会中介组织的调研报告》,《管理世界》2001年第3期。

存确保了乡村经济与社会的基本秩序；改革开放开启了一种新生活，但恰恰是村落价值观在新的经济、社会场景中的辩证复归才创造了浙江的繁荣与发展。因此，当我们讨论乡村社会治理在解决问题、协调冲突的过程中需要"告别过去"的时候，并不意味着切割过去，代之以来自西方的自由、民主，或者来自古代的儒家理想。在这里，"告别"如同挥手送别一个朋友一样，"别"了，仍保持着心灵的息息相通；"告别"是"扬弃"，是摒除那些不合时宜的东西，而让好的东西发扬光大；"告别"犹如去粗取精、去伪存真，还进一步需要由此及彼、由表及里。一句话，浙江海宁、义乌、温岭等地乡村社会治理之所以取得了良好的成果，正因为人们在乡村社会治理的过程中努力挖掘、发现农民们改革开放的实践中所表现出来的那些传统美德，并以各种方式让传统美德在中国式现代化过程中重放光彩。

（一）乡村社会治理中的三种态势

事实上，乡村社会治理不时会遇到棘手的情况，失败在所难免；而成功不仅需要努力，更需要智慧。从某种意义上说，乡村社会治理过程犹如一场多方参与的"话语对决"，主导乡村社会治理的人时时面临挑战。对同一个问题、同一个事件，"公说公有理，婆说婆有理"，如何判断，又怎样把对话引导到正确的方向？在讨论的过程中，众人发言，有正理，有歪道；有充满正能量的陈述，有似是而非的狡辩、心怀鬼胎的暗示，如此等等，如何能在"众人议事"过程中让传统美德得到弘扬？综观海宁、义乌、温岭等地的实践，乡村社会治理中的三种态势值得关注。

1. 强势的批评

在乡村社会治理中，当遇到明显错误的言论、行为时，地方或者民众可以用强势的批评有力地抑制错误。例如，有一次，义乌篁园市场有一个经营者赌博、打架。治保主任冯爱倩知道后，叫三个人去，要拆他的门板，抬到治安办公室去。不料那个经营者一脸凶气，一副打架的气势，把冯爱倩派去的人赶走了。冯不服气，一定要管到底，一定要叫他深刻检讨。更何况冯知道这个人是租的摊位,不是正式的法人。冯对被赶回来的人说,三个人不行,我叫八个人去,一定制服他。冯马上电话呼叫市场里的治安员,亲自带了八个人去拆他的门板。他说:"你为什么要抬我的摊位?"冯说;"你执照里持证者是谁?"他说不清楚,冯说:"这个摊位不是你的,法人没你的名字,……你写好检查,叫营业执照里的法人一起来,我再看你态度处理。"在冯爱倩的强势批评下,那个人只得写了书面检查,此事才最后了结。

2. "恳谈"中的引导

"恳谈"是乡村社会治理中使用的最重要方式,所谓"有事大家来商量"。30多年来,温岭总结出了一套行之有效的"恳谈"方式,其中包含几个重要环节。一是选好参与"恳谈"的人员。温岭采取具有地方特色的科学抽签方法选人,以确保公平、公正与公开。二是把握"恳谈"主题,强调"就事论事,不算旧账,不翻旧历",引导"向前看,向好的方向看"。三是掌握"恳谈"过程,使整个"恳谈"朝着正面的方向,以便使"恳谈"有个好的结果。四是设计好"恳谈"结束的方式,使"恳谈"成为一个新的开端。温岭的"民主恳谈"仍在进行,温岭的干部与人民大众仍在创造新的乡村社会治理奇迹。

3. 正面的弘扬

在义乌,地方政府开展了多种多样的评先进活动,这些先进人物以他们的出色表现身体力行,有助于社会治理的有效开展。有趣的是,义乌七一村党总支书记何德兴既是乡村社会治理的组织者,又是全国劳动模范,他以自己的模范行为推动了七一村的发展。在担任七一村党总支书记的20年间,将七一村的村集体经济从当初的亏损1.86万元扭转到如今总资产近8亿元;村民人均年收入从3700元增加到如今的48000元。何德兴用实际行动兑现了自己的承诺:"我的梦想就是要让农民富起来,让农村美起来,让城里人都羡慕我们!"

(二)传统美德重生的内涵

乡村社会治理推动了村落共同体中的传统美德在改革开放时代的重生,

这种重生不是原封不动的"照搬",而是在实践中的"创生",是中国式现代化进程中的浴火重生。在这个过程中,源自村落共同体的传统美德衍化成更具有普遍内涵的人类命运共同体价值。

浙江乡村社会治理推动了传统美德的重生,内涵十分广泛,其中以下几个方面让人印象深刻。

1. 合作与共生

为了应对艰苦的生活、实现"香火绵延",以精耕农业为基础的村落共同体在长期的生活实践中形成了基于情的合作精神。改革开放以后,农民们走出了村落,他们的生活范围远远超出了村落空间,如何才能进一步发扬传统的合作精神?在海宁,乡村社会治理以新的方式建构起广泛的合作,创造了良好的生活环境。例如,2005年,袁花塘河的环境令人担忧,盐官镇政府先后在不同单位、部门做协调工作,召开了许多次袁花塘河治理会议,与此同时,镇政府还在各个村召开会议,分段选拔河长。经过两年多努力,沿河各单位协同合作,沿河人民大众共同参与,终于使袁花塘河变了模样。在义乌,传统的合作精神发展出新的内涵。义乌城内鸡鸣山社区是一个国际化社区,有3万多居民,分别来自数十个不同国家与地区。如何才能创造一个和谐的生存环境?这个问题挑战着鸡鸣山社区工作者们。社区工作者一方面努力做好服务工作,让社区的居民都有一个舒适的生活环境;另一方面,社区工作者不断组织多种形式的活动,努力使每一个人都树立起平等、互相尊重的价值观,创造了一个多民族、多种族、多文明共生的模范社区。

2. 与时俱进,敢于创新

长期以来,浙江的精耕农业有其稳定的一面,但农民也不得不应对变幻难测的天灾、战争与社会动乱、外部世界的影响等风险,后者塑造了农民"善变"的品格。改革开放以来,农民"善变"的品格发挥得淋漓尽致,浙江温岭的社会治理给我们留下深刻的印象。温岭的乡村社会治理从基层社会的问题与困境开始,人们创造了各种不同形式的"恳谈"会,以解决不同的社会问题、走出困境。温岭发明的"乒乓球摇号"程序,旨在真正实现公平、公正的理念;温岭成立了"协商驿站",旨在"多方征集选题、确定协商议题、组织调查研究、开展协商议事";温岭建设了人民群众广泛参与的"共享法庭",让民选的代表担任"庭务主任";等等。另外,温岭市政府也积极探索新形式的乡村治理模式,提出"政府上项目,公民来拍板",并使之落实在具体的项目操作过程中。温岭市政府勇敢地把政府财政预算公之于众,让广大人民大众一起监督,设计了"参与式预算"操作程序。从21世纪开始,每一届政府都坚持去做,不断改进,使"参与式预算"迭代升级,越做越精细。随着大数据时代的到来,他们已经召开数字化改革会议,赋予"参与式预算"新的内容,新的方法。

3. 仁爱与奉献

在义乌,无数的案例让人感动,一些人把聚焦于家族、熟人群体的爱与奉献精神拓展成具有普遍意义的对人的爱、对人类的奉献。他们身体力行,为社会治理贡献了自己的力量。冯爱倩手握义乌工商001号小商品营业执照,是最早入驻义乌小商品市场的经营者,但是,她看到小商品市场发展中出现了这样那样的问题,更看到了小商品市场及周边地区的混乱不堪,义无反顾地牺牲自己"赚钱的机会",担任义乌小商品市场治安保卫委员会主任。她为义乌小商品市场及周边地区的安全与秩序做出了重要贡献。2020年,新冠病毒突如其来,义乌文具礼品协会会长黄昌潮看着社区志愿者"跑进跑出,忙里忙外",想着自己也应当直接参与到社区管理与服务工作中去。于是,他牵头召开了义乌文具礼品协会副会长视频会议,提议协会"做一次二十四小时的紧急捐赠"。他通过手机中的协会微信群发给协会全体成员,从当天晚上七点开始"统一接受捐赠",到第二天晚上七点终止。黄昌潮当即个人捐赠10万元,协会捐赠5万元,他出任董事长的义乌会展公司捐赠10万元,黄昌潮一共捐赠了25万元。会长做榜样,协会24小时捐赠出乎预料地成功,义乌相关慈善机构共收到义乌文具礼品协会成员捐赠人民币达173万元,成为受人们称道的事件。

四 新人塑造与乡村社会治理的辩证法

1978年12月18日，中国共产党十一届三中全会召开，吹响了中国改革开放的号角。仅仅3个多月以后，《浙江日报》的文章《鸡毛换糖的拨浪鼓又响了》带着改革开放的春风吹遍了浙江大地，更让"鸡毛换糖"的发源地义乌人兴奋不已。① 3个多月以后，以经营小商品为特色的"湖清门市场"正式开业，市场经济的洪流很快冲破了村落的栅栏，携带着成千上万的农民拼搏在商品经济的大潮中。一个新时代开始了，这个新时代的开拓者却是来自旧时代的传统农民。农民们带着"农民的想象"披荆斩棘、奋勇向前，在这片传统村落的土地上开创中国式现代化的新时代。困难在所难免，困境时时出现，重要的是，道路已经指明，农民们已经创造了经济发展、社会治理的奇迹。

这是一场具有革命意义的伟大实践，正如马克思所说："环境的改变和人的活动或自我改变的一致，只能被看作是并合理地理解为革命的实践。"② 这场实践紧紧围绕着经济、社会两个方面展开，并全方位地影响着生产、生活的每一个细节。这场实践始终受到农民价值观的约束，却有效地迫使农民扬弃不合时宜的旧观念，接受带着中国特色"现代性光环"的新思想。

40多年过去了，乡村社会治理一直是浙江海宁、义乌、温岭等地区改革开放实践的有机组成部分，其不仅为经济发展提供良好的社会环境，为改革开放保驾护航，而且也建构着新的社会秩序，创造着美好新生活。我们已经以浙江海宁、义乌、温岭为例认真考察了乡村社会治理实践的过程，从中发现了新时代对于村落共同体的扬弃与继承。然而，考察乡村社会治理实践这个"感性的人的活动"，仅仅从"过程"去看是不够的，还必须从"主体

---

① 杨守春：《鸡毛换糖的拨浪鼓又响了》，《浙江日报》1979年3月24日。
② 《马克思恩格斯选集（第一卷）》，人民出版社，1995，第55页。

方面去理解",① 从参与这次伟大实践的广大干部与民众的主体状态去理解。从主体视角看乡村社会治理的实践,我们看到了新人塑造与乡村社会治理在实践展开中的"螺旋式上升",看到了乡村社会治理实践的推进中一批批新人的涌现。

乡村社会治理源起于改革开放中出现的问题。当问题最初出现时,基层干部们,甚至包括县级市的干部们冲锋在前。这是区别于传统农业社会的新问题,旧思路、旧方法难以奏效。一些干部因循守旧、无所作为,甚至成为改革的"绊脚石"。另一些干部锐意创新,敢于抛弃旧思想,尝试"走新路"。于是,实践不仅解决了问题,还成为这些干部的"新人塑造"过程。更有意思的是,成功的实践具有示范效应,具有创新思想的地方干部会"感应"其他人,因此,实践作为"新人塑造"的过程超越了实践担当人的范围,波及其他相关大众。当然,旨在解决问题的乡村社会治理实践并不总是成功的,海宁、义乌、温岭的经验告诫我们,勇于改变自己是前提,敢于创新是关键。

问题的解决不是终结,而是新的起点。在世界文明史上,中国式现代化是一场亘古未有的伟大实践,问题与困难本来就是这种实践的底色,不断应对新的挑战、渡过新的难关本来就是这种实践的"常态"。我们在海宁、义乌、温岭的乡村社会治理实践中看到,作为这场实践的主体,随着实践的发展,不仅社会问题不断得到解决,具有新观念、新思想的一代新人也在不断增加。2023年5月,我们在浙江温岭考察乡村社会治理时,镇干部梁云松向我们介绍温岭全过程人民民主的历史,他竟然谈到与美国斯坦福大学教授的对话,谈到一批批基层新干部、民众的涌现,他的话语中浮现出令人兴奋的乡村变迁图。

从主体视角看实践,我们注意到乡村社会治理与新人塑造之间辩证关系的另一个维度:新人塑造内涵的梯次深化。

---

① 《马克思恩格斯选集(第一卷)》,人民出版社,1995,第54页。

改革开放从略带原始风格的村落中起步，中国式现代化最初的主要担纲者是文化程度极低的农民，这种情况让中国式现代化呈现渐进性特征。渐进性特征让我们注意到，不同发展时期会出现不同的问题，而问题的性质恰恰与经济社会发展的程度密切相关。如果说发展程度以及问题性质或多或少意味着"总体上"脱离传统村落的程度，那么可以说，在不同的时间点上，人们在乡村社会治理中解决问题从而改造自我的时候，塑造的"新人"或多或少意味着"自我"远离传统农民的程度。

个体的生命活动如同社会生活一样有强大的惯性，只有在生命实践中遇到困境从而需要解决的时候，个体才会真正地改变自我，接受新的观念，以新的方式行动。我们从海宁、义乌等地乡村社会治理实践中注意到，最初的改变常常与直接的经济活动、基本的社会秩序相关，人们不得不努力处理假冒伪劣、坑蒙拐骗，不得不处理赌博、打架、恶意破坏等等，人们在诸如此类的社会治理实践中批判狭隘人观，慢慢学会尊重别人，学会合规经营。随着经济的发展，环境问题越来越突出，但环境问题与个体的关联并不明显，因此，问题往往由地方政府提出，然后发动广大民众参与解决。我们以下还会谈到，改变环境从而塑造新人是一个缓慢的过程，需要担纲者坚持不懈的努力。

新人塑造至今仍在过程中，由于经济社会的发展目前仍极少触及个人日常生活领域，所以，无论在海宁、义乌，还是在温岭，个人日常生活领域仍充斥着村落传统的风格。这是中国式现代生活吗？这个问题值得深思。从主体的视角看实践，我们从海宁、义乌、温岭发现了新人塑造与乡村社会治理辩证关系的三种不同表达。

（一）在乡村社会治理中建构新型人际关系，以改善人们的行为方式

义乌小商品市场开业初期，整个经营环境不如人意，市场声誉极其不好，义乌市委市政府意识到，这不只是一个经济问题，更是一个社会问题，必须花大力气进行整治。除了其他种种治理措施以外，义乌"培育积极分

子，建构新型人际关系"的社会治理措施产生了良好的效果。他们在小商品市场中建立党的支部，要求每一个党员佩戴党员徽章上岗，以督促每一个党员起带头作用。他们在小商品经营者中开展评选劳动模范的活动，评选出一批批"一身正气"的经营者，"以先进带后进，大家一同前进"。他们在各种不同的协会中开展工作，尤其要求协会中的会长、副会长们积极参与到社会治理活动中，"共创良好的新秩序"。另外，在冯爱倩的带领下，小商品市场治安保卫委员会更每天"盯着小商品市场内外的情况，不良倾向一'冒头'，及时治理"。经过几年努力，义乌以小商品市场为中心，建构起新型的人际关系。这种人际关系形成了一种充满正能量的文化，影响着每一个人，改变了人们的行为方式。

（二）在乡村社会治理中改善生活环境，以环境影响人

2000年以后，随着经济的发展，盐官地区的河道污染问题日益严重。2006年，盐官镇政府下决心对所辖范围内的主干河道袁花塘河开展全面治理。袁花塘河从西到东贯穿整个盐官镇，涉及全镇大多数农村居民的生产与生活，如何治理？盐官镇政府决定从环境本身与人的行为"双管齐下"开展河道治理。盐官镇组织人员打捞河道里的杂物，清理河道内的水草及各种浮游生物，并在与丁桥镇交界处建设栅栏，防止漂浮物跨镇界流动；盐官镇开始在各个村建设生活垃圾收集体系，使农民家庭的生活垃圾"有地方处理"；盐官镇建设了三个消毒焚烧点，及时处理各种死猪和死鸡、鸭、兔；等等。这些治理措施有效地改善了袁花塘河的环境。但是，环境问题是人的行为造成的，河道治理更是一个社会治理问题。盐官镇在"改变人的观念与行为"方面坚持不懈地做了大量工作。他们首先从镇、村两级干部入手，做通他们的思想工作，改变他们对于人与环境关系的态度与观念。在此基础上，他们在各个村都选拔了"河长"，建立了"河长负责制"，让河道整洁、有人"盯着"。他们从多个方面宣传，包括召开会议、发放宣传单、组织干部上门做工作

等等。联民村原村委会主任陈杰说："这里的农民养蚕，习惯于把蚕屎（俗称蚕沙）随便倒在河边，导致河水污染。我们就上门做工作，告诉农民蚕沙污染了河水，也会危害人的健康。一次不行，就两次、三次上门。经过几年努力，农民的习惯已经完全改变，没有人再向袁花塘河里倒蚕沙、扔垃圾。后来，农民看到有小孩向河里扔东西，就会出来阻止。农民变了。"①

（三）精英"卷入"乡村社会治理，并在不断提升社会治理水平的过程中塑造新人

2023 年 5 月 10 日晚上，我到温岭后，与温岭党校的吴校长共进晚餐，我们相谈甚欢，谈到关于协商民主、社会治理过程中"人的问题"时，他一口气讲了几个故事，说明"人在做事中改变"。我听着，更感叹于吴校长本人参与乡村社会治理的热情及其身体力行的实践。在此后几天里，温岭地方干部梁云松陪同我到温岭各处考察乡村社会治理与全过程人民民主的发展。考察过程颇有收获，我更从梁云松身上看到精英"卷入"乡村社会治理对于塑造新人的重大意义。梁云松的事迹太多，这里仅举"组织社会治理会议"为例。20 多年前，梁云松到基层组织乡村治理会议，参与的人员由于文化程度很低，平时极少与人交流，如何才能做到让参与者人人发言、表达意见？梁云松专门请了学校里教学经验丰富的教师来主持会议，并嘱咐少数积极分子"认真向教师学习"。经过几年的努力，温岭农村基层培养出一批比较有组织能力的新人，乡村社会治理会议从此不再需要"借教师之力"。在温岭走访的时候，梁云松有时指着几个人骄傲地说："他们都是土生土长的农民，现在，他们都能独当一面组织乡村社会治理会议，温岭有了一大批有能力的干部。"

---

① 2023 年 6 月 21 日，本文作者电话访谈原联民村村委会主任陈杰。

五 在乡村社会治理实践中开创美好新生活

乡村社会治理是一场中国式现代化进程中亿万干部、民众参与的探索性实践,改革开放以来,浙江海宁、义乌、温岭已经创造具有借鉴意义的乡村社会治理经验,而遍及浙江全省的美丽乡村更向我们展示了美好生活的景象。但是,中国式现代化尚未展开其全部丰富的内涵,乡村社会治理仍在进行中,面临的挑战依然严峻。

挑战在于,乡村社会治理实践本质上是探索性、尝试性的,我们没有前人的经验可以借鉴,我们关于美好生活的前景是模糊的。换句话说,我们关于美好生活的目标更多只是美好生活的想象。乡村社会治理在不断解决问题的同时,在多大程度上创造着美好生活,这是一个需要不断反思的话题。我们只有勇于反思、敢于自省、善于求索、乐于从人民大众中汲取智慧,追寻人民大众的最大福祉,才有可能开创美好新生活。

挑战在于,乡村社会治理作为有意识、有目的的实践,可能受到来自西方意识形态的误导,受到"屁股决定脑袋"的支配;乡村社会治理作为扎根于泥土中的实践,可能受到这片土地的污染,"旧瓶装新酒","换汤不换药",努力了,却仍在陈规陋习中停滞不前。换个角度说,乡村社会治理实践考验着我们的智慧,我们能不能吸纳某些西方观念形成中国式美好生活的内涵?我们能不能真正有效地把"顶层"的目标与底层的现状密切结合以推进和谐社会建设?我们能不能在传统的土地上创造真正得到绝大多数中国民众认同、得到世界上大多数普通人肯定的美好新生活?这些都是我们在未来的乡村社会治理实践中不得不面对的大问题。

困难在所难免,我们充满信心。中国共产党成立以来100多年的奋斗历史告诉我们,共产党有能力领导全国人民争取中国式现代化的胜利。新中国成立以及改革开放以来的历史告诉我们,亿万中国人民有能力继往开来,开创中华文明的新纪元。在这个历史进程中，乡村社会治理将成为不可或缺的实践，并一定能在与时俱进的实践中开创美好新生活。

作者：张乐天，复旦大学社会发展与公共政策学院、复旦发展研究院当代中国社会生活资料中心（上海市，200433）。

城乡融合背景下中国乡村治理体系建设的基本现状、关键挑战与政策构建[*]

郭晓鸣　骆希

内容提要　在乡村治理面临共性矛盾与特殊矛盾相互交织的困境下,推进乡村治理体系和治理能力现代化需要结合城乡融合发展的时代背景,进一步强化乡村治理体系构建具有重要性和紧迫性的深刻认识。本文首先回溯了城乡融合背景下中国乡村治理体系的历史演进轨迹,从乡村治理效能显著提升、乡村治理实践不断创新、乡村治理机制持续优化、城乡协同联动特征明显四个方面分析了乡村治理体系建设取得的主要成效。其次,对不同地区在乡村治理体系建设领域探索实践的创新经验进行提炼和总结,分析了新形势下乡村治理体系建设所面临的突出挑战。再次,从优化治理组织、提升治理方式、协调治理机制、拓展治理能力四个方面,系统构建全面促进我国乡村治理体系建设的关键路径。最后,从探索集体经济多层次参与路径、创新构建发展性激励制度、着力强化社会组织的深度参与、全面赋能多元化基层治理主体、探索建立整合性治理平台五个维度提出了城乡融合背景下中国乡村治理体系建设的政策建议。

关 键 词　城乡融合　乡村治理体系　治理平台　社会组织

---

[*] 本文为四川省哲学社会科学研究"十四五"规划课题"城乡融合战略背景下四川乡村治理体系建设研究"(SC22TJ20)的阶段性研究成果,并受四川师范大学校级科研基金资助。

乡村治理是全面推进乡村振兴战略实施的关键支撑，也是国家治理体系和治理能力现代化建设的重要内容。在我国城乡发展环境持续变化的背景下，城乡发展仍存在差距显著、不平衡、不充分发展等关键问题，乡村社会结构以及农村家庭生产、生活特征的变化导致乡村治理的对象、环境、体制机制等出现新的特征和趋势，对原有治理体系提出了更高要求和严峻挑战，迫切需要实现从传统治理向现代治理的重大转变。党的十八大以来，我国明确提出"以自治增活力、以法治强保障、以德治扬正气，健全党组织领导的自治、法治、德治相结合的乡村治理体系"，为新时期乡村治理的有序推进提供了根本遵循。2019年起中央一号文件均对乡村治理体系建设提出了相应要求。2020年中央一号文件更是明确指出要"扎实开展自治、法治、德治相结合的乡村治理体系建设试点示范，推广乡村治理创新性典型案例经验"。2024年中央一号文件着眼于持续提升乡村治理水平，对县、乡、村三级治理体系建设提出更加细致具体的指导和要求。

城乡融合发展是经济转型关键时期的重要内容，是党中央对城市和农村在未来发展中关系的重要定位。2021年中央一号文件提出"把县域作为城乡融合发展的重要切入点，强化统筹谋划和顶层设计，破除城乡分割的体制弊端，加快打通城乡要素平等交换、双向流动的制度性通道"。当前，我国已进入全面建设社会主义现代化国家的新发展阶段，党的二十大报告明确到2035年基本实现国家治理体系和治理能力现代化的目标。乡村治理与城乡融合二者均是全面推进乡村振兴、实现农业农村现代化的重要支撑。在乡村治理面临共性矛盾与特殊矛盾相互交织的困境下，推进乡村治理体系和治理能力现代化需要结合城乡融合发展的时代背景，进一步强化乡村治理体系构建具有重要性和紧迫性的深刻认识。城乡关系的根本性转变要求乡村治理体系和治理逻辑同样进行相应的调整，才能更好地推进国家治理能力和治理体系现代化、乡村振兴、城乡融合等战略实施。本文旨在紧扣我国城乡关系发展重大历史性变革的背景，以城乡融合为重要战略背景，对乡村治理体系建设进行系统研究，以期为加强我国乡村治理体系构建提供一定的理论借鉴和实践指导，同时丰富符合中国乡村特征和中国现代化国情的治理研究，并为乡村治理贡献更多更好的中国实践和中国方案。

一 城乡融合背景下中国乡村治理体系建设的基本现状

（一）城乡融合背景下中国乡村治理体系建设历史沿革

乡村治理体系是国家治理体系的重要组成部分，新中国成立70多年以来，我国乡村治理体系建设的演进既伴随着国家治理体系现代化的发展，也是其持续发展的重要成果。[①] 从城乡分治阶段、城乡非均衡发展阶段到城乡融合发展阶段梳理中国乡村治理体系建设发展历程，能够以比较和动态的视角对我国治理体系建设的现实成效进行系统总结。

新中国成立初期，我国乡村地区最迫切的任务是巩固政权、深化土地改革、尽快恢复农业生产，整体处于城乡分治发展阶段。"政党下乡"既是当时最重要的政策措施，也是新中国乡村治理不同于传统乡村治理的根本所在，为后续乡村治理演变奠定了组织基础。工业化发展逻辑下，国家通过行政控制达到"以农补工""以乡助城"的目的，人民公社体制成为城乡分治发展的制度起点。随着1958年《中华人民共和国户口登记条例》颁布后城乡二元户籍制度确立，以及粮食统购统销制度形成，城乡之间在就业、医疗、养老等诸多福利、待遇上逐渐形成制度性差异，城市与乡村也成为相对独立的治理体系，呈现明显的城乡二元分治特征。

随着人民公社制度的深入推进，"三级所有、队为基础"的管理模式一直延续到20世纪80年代初期，我国城乡关系逐步进入非均衡发展阶段。人民公社"政社合一"的模式在治理层面实现了国家对乡村政治、经济、文化、社会等领域整体性管理，在强有力汲取农业剩余的同时有效维系了农村

---

① 李涛：《论新时代"三治融合"乡村治理体系的构建》，《社科纵横》2020年第5期。

稳定。但农民劳动积极性低下，农业生产效率低，乡村社会内在的经济增长、社会治理等活力发挥有限，农业农村农民的发展长期在低水平徘徊。城乡整体发展态势的严重失衡，进一步加剧了在治理层面国家与乡村良性互动的不足，积累掩盖了部分社会矛盾和不和谐的干群关系，对这一时期的乡村治理提出挑战。

改革开放40余年来，尽管经济社会建设取得巨大成就，但与此同时城乡经济和社会发展的严重失衡也成为新时期乡村治理中亟待解决的突出问题，向城乡融合发展阶段演进的需求更加迫切。同时，乡村治理的公共服务导向逐步强化，乡村治理的需求也随着城乡关系演进而出现根本性转变。城乡融合发展的内涵是把城乡当作一个有机整体，让城乡资源要素对流畅通，产业联系紧密、功能互补互促，推动城乡生产方式、生活方式以及生态环境向一体化方向和谐发展。乡村治理是城乡融合发展政策落实的有力支撑，城乡融合发展政策的贯彻落实也对强化党组织领导下"三治合一"治理体系建设，强化乡村治理公共服务导向等提出了更高要求。[①]

为深入推进乡村治理，2019年中共中央办公厅、国务院办公厅印发《关于加强和改进乡村治理的指导意见》，对全国乡村治理工作进行了全面部署安排。为进一步强化试点示范作用，中央农办、农业农村部会同其他部门在县级和村镇两个层面开展乡村治理试点示范工作，2019年在全国首次确定115个县（市、区）开展乡村治理体系建设试点示范，并共同开展了全国乡村治理示范村镇"百乡千村"创建，99个乡镇、998个村创建成第一批示范村镇；2021年创建了第二批全国乡村治理示范村镇，包括100个乡镇、994个村。此项试点示范工作主要内容包括探索共建共治共享的治理体制、乡村治理与经济社会协同发展的机制、乡村治理的组织体系、党组织领导自治法治德治相结合的路径，完善基层治理方式、村级权力监管机制，创新村民议事协商形式、现代乡村治理手段。全国各地区通过试点示范，积

---

① 耿国阶、王亚群：《城乡关系视角下乡村治理演变的逻辑：1949~2019》，《中国农村观察》2019年第6期。

极探索乡村治理路径方法，健全相关政策制度，培育和树立一批乡村治理的先进典型并陆续向全国推介，发挥其引领示范和辐射带动作用，为走中国特色社会主义乡村善治之路做出重要的模式探索。①

（二）城乡融合背景下中国乡村治理体系建设主要成效

经过多年以来中央及各地在乡村治理中的持续投入以及全国乡村治理改革试点的深入推进，我国乡村治理体系建设已取得显著成效，多个地区乡村治理领域已经出现广泛甚至深刻的一系列重大变化。

1. 乡村治理效能显著提升

近年来，通过乡村治理工作的持续深入推进，全国各地区乡村治理质量不断提升，基层党组织建设进一步加强，村民议事协商形式涌现多种创新，法治乡村建设持续加快，乡风文明实现大幅改善。从全国乡村治理体系建设试点地区的情况来看，乡村治理的覆盖率、有效性、满意度、获得感均趋于提高，各种矛盾纠纷等问题趋于减少。并且，多个地区的治理实践显现出公共服务资源不断向镇村下沉的重要特征，治理重心不断向农村社会微观层面下沉，进一步提升了村民治理资源的可及性。整体上，农村地区乡村治理的能力和水平得到大幅度提升。

2. 乡村治理实践不断创新

自 2019 年乡村治理改革试点工作深入推进以来，全国各地乡村治理实践创新涌现出了一大批的典型经验。始于浙江桐乡的"三治融合"探索经验被纳入国家层面乡村治理指导性决策，浙江象山"村民说事"经验已在全国多个地区推广。2019 年起，中央农办、农业农村部已择优向全国推荐了四批 120 个乡村治理典型案例，覆盖东中西部不同区域，各有特色，务实可行。更重要的是，各地积极探索所形成的典型，形成了全国乡村治理典型案例库，不仅为各地因地制宜探索形成符合本地实际的乡村治理方法、模式、

---

① 杨瑞雪：《我国开展首批乡村治理体系建设试点示范》，《农民日报》2019 年 12 月 26 日。

机制等提供了有益借鉴，同时在各地之间营造了比学赶超的良好氛围。

3. 乡村治理机制持续优化

为了强化乡村治理体系建设的顶层制度引领、加强各部门间的统筹协调、形成工作合力，国家层面率先建立了中央农办牵头的全国加强乡村治理体系建设部际联席会议制度，由10多个乡村治理领域的相关部门作为联席会议制度的成员单位，共同协商和推进乡村治理领域相关工作。同时，全国20多个省份成立了乡村治理的领导小组，定期会商重大事项，并建立部门联动工作机制，从国家层面到各级党委政府层面在乡村治理领域形成多部门协调推进工作的格局。[①] 通过不断总结和提升基层的实践探索，村庄层面乡村治理机制也不断优化，如建立健全积分制、农村推进网格化管理、推进小微权力的清单制度等，在地方探索和总结的基础上已形成具有普适性、可操作性强的乡村治理机制，并逐步在全国推广，符合农村实际的乡村治理制度体系日趋健全。

4. 城乡协同联动特征明显

从我国乡村治理体系建设的实践可清晰观察到城乡分割的状态正在有效改变，经济社会发展的多项要素在大规模、持续地从城市向乡村流入，城乡融合和协同联动的发展趋势明显。一方面，多个地区在乡村治理中加强统筹谋划，通过统一进行城乡规划，促进城乡资源要素优化配置，推动城乡治理融合发展；并通过城乡公共服务一体化建设，加快市政基础设施和优质公共服务持续向农村延伸，以城乡基本公共服务均衡发展促进城乡治理体系建设。另一方面，各地在乡村治理中注重引入城市治理的有益经验，例如通过监察职能向基层延伸、设立村级调解工作室等举措，推动城市先进的治理手段和资源进入农村。通过多措并举，全国已有相当部分地区城乡基层治理的二元分割体制正在逐渐被打破，城乡关系正在走向协同，城乡治理态势趋于融合互促。

---

① 王艳、杨迪、刘杰：《中央农办、农业农村部发布第二批全国乡村治理典型案例》，《农民日报》2020年12月3日。

二 城乡融合背景下中国乡村治理体系建设的经验启示

立足新发展阶段，全国多个地区已在乡村治理体系建设领域进行了卓有成效的探索实践，形成了一系列可供上升为制度规范和其他区域借鉴推广的重要创新经验。

（一）以党组织聚核赋能促进治理体系有序运行

要素短缺是乡村治理中的重要瓶颈，而发展要素、市场机制的构建和作用过程具有渐进性。政府是乡村治理的重要主体，其强大的资源供给和组织动员作用在相当长一段时间仍然不可替代。如果仅依靠乡村自治能力进行治理，可能造成乡村发展失序。因此，尽管强化村民自治是乡村治理体系建设的重要导向，但也不应简单放弃政府干预，而应在明确不同类型治理主体作用边界的基础上，以政府的"有为""有效"参与，确保乡村治理的稳定和有序。整体上，全国多地乡村治理实践表现出以党建促治理、以治理促党建的显著特征。例如，广东蕉岭县在改革中坚持党建引领，采取了实施"联乡兴村"行动等多种举措，在推进党组织下沉的同时明确责任边界、强化外部监督，以党建引领保障乡村治理的稳定性和包容性。同时，乡村社会既是熟人社会也是精英社会，在乡村空心化、老龄化背景下，乡村本土精英大多被吸纳进党组织、政府体系。培养基层党组织的带头人，本质上是对乡村治理核心主体强化赋能，全面提升治理主体的能力。乡村治理体系建设中，各地不仅持续推进党和政府的组织体系重心下移和力量下沉，并将最基层党组织带头人培养作为政府参与治理的有效路径，通过推动带头人和班子队伍整体提升来优化村党组织领导力，充分发挥党员、干部的示范、带动效应。

（二）以内生性主体参与强化乡村治理主体动能

乡村治理需要改善农村的社会环境、居住条件，建设更和谐美好的乡村家园。农民、集体经济组织既是受益主体，同时也是参与主体甚至是实施主体。所以，乡村治理的重要项目如果长期单纯依赖政府，可能形成强烈的福利性路径依赖，进而导致关联主体内生动力缺失。利益主体充分有效的参与是健全乡村治理体系的内在要求。多个地区的乡村治理中村居项目选择、资金投入等注重农民的参与，如建立议事厅、公众号等一系列公共对话机制，并在相关的农业农村改革中形成了制度化成果。新型农村集体经济组织的制度架构中也已内含农民的参与机制。可以认为，农民和集体经济组织两个最重要的利益主体以不同的方式双重参与乡村治理，是乡村治理体系建设中最重要的内生动力源。很多村庄在治理机制上持续强化党组织领导与党员参与，同时也将村民议事会、理事会等自组织的职能范围从公益性事业增加到政策宣传、公共服务供给、干群矛盾纠纷协调等多种职能，在群众工作中充分发挥村民亲缘、地缘关系优势，既分担了村委工作压力，也改善了干群关系。村民内生动力的激活，使得村中众多事务改变了过去"干部在干，群众在看"的态势，不仅让干部了解到群众的建设需求，也让群众积极参与到乡村建设中，合力打通乡村治理的"最后一公里"，有效激活内生治理效能。

（三）以传承创新传统文化激发乡村治理内生动力

乡村治理离不开政府力量，但单纯依靠政府主体也难以实现治理有效的目标。有效的乡村治理是村民、基层政府、企业、社会组织等多元主体共同参与的过程，各个主体在其中有各自的优势和重要功能。中国传统乡村治理中，乡贤、宗祠等同样发挥了重要的治理功能。健全乡村治理体系需要传承发展我国农耕文明中的优秀传统，形成文明乡风、良好家风、淳朴民风。深度挖掘传统治理中的积极元素，为其注入现代治理新元素，是中国乡村向现代化转型背景下治理能级提升的重要途径。如部分乡村地区宗族文化浓厚，通过设立宗祠理事会等组织修缮本家族的祠堂、对重大活动组织等公共事务进行管理，理事会核心管理人员大多是当地具有一定威望、公益心强、村民信任度高的"乡村精英",在传统治理中发挥了重要功能。由于传统宗祠对公共事务的治理仅聚焦于本家族成员,以及以捐资为主的治理方式较为单一,在乡村治理态势显著变化背景下,其局限性和不适应性也日益凸显。部分试点地区在乡村治理体系构建的改革中最为重要和突出的举措正是对传统宗祠理事会进行现代化改造,将其与现代化治理机制相融合,使其在农村社区发展中持续发挥重要的治理职能,通过从县级层面到村社基层的规范性制度体系设计,在保留宗祠理事会原有核心治理机制的基础上,进一步拓展和提升了宗祠理事会的治理能级。

(四)以改革系统集成引领乡村治理全面深化

乡村治理体系构建是一项系统工程,应当提高站位,将其置于农业农村现代化的高度予以充分重视,注重统筹推进治理优化、产业提升和乡村振兴等多元目标的实现。多个地区的实践深刻表明,只要将乡村治理决策过程与村民民主自治联动,将乡村治理群众动员和提高基层干部现代治理能力联动,将乡村治理机制建设与乡村基础设施现代化联动,就能够做到牵一发而动全身,实现"有效治理"与"生态宜居""产业兴旺"等协同推进。

乡村治理涉及农业农村发展的各个方面,选择适当的突破口,以村民关注度最高的重点和难点问题为切入点,能够让治理获得村民更多的共同关注和参与,产生共振效应。一方面,部分地区在乡村治理体系建设试点过程中同步探索了农村宅基地三权分置和退出、全要素优化配置、集体经济+合作社运行模式创新、农村金融等多项重要改革,以乡村治理为引领,全方位深入推进乡村发展,形成改革集成效应。另一方面,多个地区将乡村治理全面贯穿到乡村振兴工作中,综合推进党建引领、人居环境整治、要素资源整合,推动乡村治理有效与产业兴旺、生态宜居、乡风文明、生活富裕的目标共同实现。[1] 例如,四川省彭山区将乡村治理体系建设与当前开展的农村人

---

[1] 广东省农业农村厅农村社会事业促进处:《打造乡村治理的"广东样本"》,《农村工作通讯》2024年第4期。

居环境整治、农村集体产权制度改革、农村特色产业发展等重点工作有机融合，全面释放乡村治理体系建设能量，并以此形成牵一发而动全身的效应，在短期内极大调动农民的价值认同。

（五）以外部资源导入增强乡村治理智力支持

我国农村地区在整体经济发展中仍属于相对欠发达地区，因而乡村治理普遍面临两大困境，一是缺乏对区域内乡村治理制度体系进行系统顶层设计的专业资源，二是受政府财力限制很难以购买服务的方式导入公益组织的服务。在整合内部治理资源的基础上，多个地区加强外部合作，引才借智，弥补发展短板，激活内生发展动能。例如，部分村庄引入众多农业企业、导入发展资源。这些外部主体的进入不仅能够给当地带来新的发展理念、生产技术、经营模式、商业信息等要素，促进农村电商、互联网营销、直播、民宿等新业态发展，对产业发展形成有力支撑；而且，通过构建乡村治理外部力量进入的平台、渠道与合作机制，这些外部主体可与本地镇村的发展形成紧密关联，并在乡村治理中发挥重要的技术外溢、信息传播等功能作用。此外，多个地区在乡村治理体系建设中开展多元合作，引入外部智力支持，积极与能够进行全域范围乡村治理顶层制度设计的高校、科研院所等乡村治理、农村发展领域研究团队建立战略合作关系，为乡村治理具体实践获取理论和政策指导。并且，这些专业研究团队在基层长期、深入地开展乡村治理社会实践，能够以实践经验的系统总结形成对当地乡村治理制度设计的支撑。

三 城乡融合背景下中国乡村治理体系建设的关键挑战

尽管我国乡村治理体系建设已经具有良好的基础，但面向实现国家治理体系和治理能力现代化、全面建成社会主义现代化强国的宏伟目标，新形势下乡村治理体系建设所面临的突出挑战值得高度关注。

（一）乡村基层治理能力整体仍需提升

从总体情况来看，我国绝大部分地区的乡村治理能力已显著提升，但社会治理态势并非一成不变。随着经济社会发展，乡村治理多元化需求、个性化需求趋于快速增加。加之当前农村社会处于城乡关系转型的关键时期，各种不稳定因素使农村社会治理面临的形势更加严峻复杂，也使乡村治理呈现碎片化、分散化、矛盾化的特点。例如，在县级层面突出表现为政法、民政、信访、综治、维稳等职能部门在城乡基层治理过程中业务体系被条块分割，呈现"只重分工但缺乏整合"的模糊状态，导致治理参与主体协同机制缺失，有效的信息沟通机制以及合作激励机制建设不完善，并且治理主体的碎片化引发治理资源的分散化，容易导致治理资源的重复投放和低效使用，进而难以形成基层治理合力。与此同时，一些镇街干部、村组干部面临着社会治理方式方法和能力不足的制约、解决新型社会治理问题的方式方法不足等短板制约，在一定程度上难以满足日益增长、要求提高的乡村治理需求，影响乡村治理效能。

（二）以村民为主体的自治机制仍不健全

坚持农民主体地位是构建基层社会治理机制的基本原则，村民的深度参与是实现乡村有效治理的本质和核心。受到长期以来传统管理体制的影响，当前仍有部分地区的乡村治理以行政权力为中心的自上而下传统治理模式为主，治理方式单一，主要依赖于行政力量。部分地区的政府处于治理的主导地位，村民常常处于被动地位，对乡村治理的实际参与程度低，逐渐形成政府主体、农民客体的治理局面，导致农民在乡村治理中的主体地位难以体现，参与治理的自主能力和创造能力薄弱。整体上，乡村治理仍面临着从"社会管理"到"社会治理"转变的共性挑战，村民"自己的家乡自己建、自己的家乡自己管"的乡村治理格局尚未形成。

（三）市场主体与社会组织有效参与不足

在政府、市场和社会三重体系日臻完善的条件下，由政府、市场与社会组成的多元主体共治格局是乡村治理未来重要发展方向。[①] 在党建引领下，部分地区的地方政府、社会主体、市场主体和村民都不同程度地参与乡村治理体系建设，而且社会组织多渠道、多形式参与是突出特色。但是与之相比较的是，区域内大量的工厂、商家等市场主体除了少量的捐赠之外，尚未成为重要的乡村治理主体，参与的广度和深度都还需要进一步提升。并且，随着城乡融合背景下乡村治理进程的推进，村庄内居民类型和身份更加多样化，群众对公共服务多元化、个性化的需求日益提升，迫切需要更加多元化、人性化的优质公共服务，对乡村治理中引入类型丰富、优势突出的专业性社会组织的需求同步增长。然而，目前总体上乡村治理中社会组织的参与程度和范围仍较为有限，农村社区内部内生性社会组织的发育仍然不足。因此，需要加快完善社会组织参与治理的体制机制，尽快出台相应的制度和引导政策，深化社会组织有效参与。

（四）多元主体协同治理格局尚未形成

从整体情况看，在村社层面均存在村两委、集体经济组织、村民理事会等不同治理主体。虽然这些主体之间有大致的职能分工，但在基础设施建设和维护、低收入群体帮扶等公共服务供给中仍然存在分工不明、职能边界模糊等情况，在缺乏明确分工和有效协调的情况下，容易造成资源配置低效、埋下冲突隐患。集体经济组织在供给农村区域多元服务方面具有天然优势，是承担这些服务最经济可靠的主体，但整体上乡村治理体系建设中集体经济组织发挥的作用仍相对不足。依托传统"熟人社会"在治理中的优势，当前一些村民理事会等组织承担了部分的公共服务供给职能，但集体经济组织

---

① 王名、蔡志鸿、王春婷：《社会共治：多元主体共同治理的实践探索与制度创新》，《中国行政管理》2014年第12期。

应在未来承担更加重要的服务功能。未来乡村治理体系建设还应以系统规范的制度设计,对如何强化集体经济组织服务能力、集体经济服务供给方式和具体标准等予以明确。并且,除集体经济组织之外,乡村中其他多元主体参与治理的职能、权责、方式等制度规范同样需要进一步健全。

(五)现代化乡村治理方式更新滞后

随着中国特色社会主义进入全面建设社会主义现代化的新征程,社会主要矛盾已经转化为人民日益增长的美好生活需要和不平衡、不充分发展之间的矛盾。伴随着宏观经济背景的转变,社会问题不断出现新特征,乡村人口净流出地区面临着优质人才有限、治理资源不足、效率有待提升等困境。而在城市近郊等外来人口流入的地区,群体结构复杂、利益诉求多元,乡村治理面临着利益均衡、公共服务均衡供给的压力。部分地区传统意义的矛盾纠纷也由过去的社区邻里矛盾、婚姻家庭矛盾、经济纠纷赔偿等常见性矛盾,转变为以利益分配为主的更具特殊性的复杂社会矛盾。个别地区因土地权属不清、集体经济收益分配矛盾等历史遗留问题而导致治理中矛盾化解难度巨大。加之互联网、自媒体等传播手段的快速发展,很多乡村社会的治理问题已无法通过以往召开坝坝会等传统方式得到有效解决,传统治理手段更新相对滞后,已经导致难以满足复杂多元社会治理需求的情况。

四 城乡融合视角下中国乡村治理体系建设的优化路径

聚焦实现国家治理体系和治理能力现代化的重要目标,本文基于前述内容提出应从优化治理组织、提升治理方式、协调治理机制、拓展治理能力四个方面构建全面促进我国乡村治理体系建设的关键路径。

(一)以多元共治为导向的治理组织优化路径

随着群众对公共服务的需求提升,乡村治理体系也应进一步强化其开放性的服务供给，为群众提供高质量、多样化、可及性的公共服务产品。各级政府应切实推进服务型政府的建设，转变政府的工作方式和范围，实现由"管理型政府"向"服务型政府"的转变，提供并满足基层群众劳动就业、社会保险、社会救助、养老托育等各类公共服务需求。更值得关注的是，市场主体和社会组织以其丰富的社会工作经验和人员，能够在乡村治理中发挥其专业性、灵活性、创新性和参与性的优势，是对政府治理职能的重要补充。引导市场主体、社会组织等主体积极参与乡村治理，不仅已经在全国多个地区取得了显著成效，而且代表着未来中国乡村治理的重要方向。在乡村治理体系建设未来的探索实践中，应进一步强化市场力量和社会组织的参与。一方面要更加注重市场主体社会治理诉求表达，在满足其治理需求的同时，为市场主体搭建更多、更合理的参与平台，从而适度增强市场力量的参与，形成参与和受益互动的良性循环格局。另一方面要创新参与机制，拓展辖区内企业等社会主体的参与形式和参与渠道，尤其是要充分利用市场机制的驱动作用，激发参与积极性和持续性。

（二）以提质增效为导向的治理方式提升路径

在深化乡村治理体系建设过程中，一方面要强化多元激励作用，形成经济激励基础上的非经济激励机制，通过乡村"头雁工程"加强培训，给予村居干部公务员、事业编上升通道以及社会保障等激励，使其持续发挥作用，通过积分奖励、进入村居任职等形式激励非户籍人口主动参与乡村治理。另一方面，应强化以信息化技术导入提高管理效率、实现乡村治理有效赋能。在广东省南海区、四川省石棉县等不同区域都已经显现出以信息技术提升乡村治理能级的创新实践，让信息技术在乡村治理中发挥最大效用，提高治理针对性和有效性。同时，多个地区将近年农村集体产权制度改革形成的集体资产管理、财务管理和股权管理三大管理交易平台与乡村治理相结合，促进治理数据和信息共享，提高乡村治理的信息化水平。乡村治理手段的现代化改造和应用，能够有效提升乡村治理能力和质量，既是我国乡村治理体系建设十分重要的创新经验，也应是促进乡村治理方式提质增效的重要路径。

（三）以利益共享为导向的治理机制协调路径

激发农民参与基层治理的内生动力是从乡村社会内部探索具有持久活力乡村治理之路的重要保障。在乡村治理体系建设中，应注重以利益共享为导向，持续完善村庄内部不同主体的治理参与机制以强化内生性激励。这一路径下的有效措施包括：统筹省市县各类支农、惠农奖励资金，采取"以奖代补"方式大力扶持村级集体经济发展；强化对治理一线人员如网格员等的内生性激励，可推行网格员"基本报酬+考核绩效+发展性奖励"的报酬制度，允许集体经济组织或村内农民合作社将增长收益的一定比例用于本村网格员补助和奖励，激发网格员的积极性、主动性。持续完善利益共享导向下的收益分配制度，探索集体经济发展收益实行"留一点、分一点、用一点"，经民主程序讨论决定，按一定比例预留部分收益用于村内扶助低弱群体、激励治理参与、社区营造等公共事务，强化村民凝聚力和参与治理的积极性等。

（四）以全面赋能为导向的治理能力提升路径

围绕乡村治理的新问题、新需求、新方式等，各地区应有针对性地加强镇街、村居干部和党员的乡村治理理念和能力培训。一方面要继续以"头雁"工程为重点，夯实三级党建网格的治理能力培育。另一方面，要完善乡村治理指导手册，让参与治理的多元主体能够快速有效地掌握最基本的乡村治理知识、技能，强化基层治理能力建设，同时在乡村治理实践中注重制度建设、构建长效机制，在相关部门、镇村和村庄探索新举措、形成新成效、构建新模式。与此同时，各地应全面强化系统经验总结。目前，全国多个地区已经承担乡村治理体系建设的改革任务，在乡村治理方面已经开展众多极富价值的实践探索，形成了丰富的改革创新经验，而且还将持续进行创新。这些改革试点区域应与全国社会治理领域的专业研究团队深度合作，及时总结创新经验，将其上升为政府层面的制度设计，提高探索试点示范的规范化程度，强化指导性、拓宽覆盖面，加快形成在乡村维度国家治理体系和治理能力现代化的系统性中国实践典范与中国特色化路径。

五 城乡融合背景下中国乡村治理体系建设的政策建议

针对当前乡村治理体系建设的主要问题，应以乡村治理体系建设四大路径为基础，结合城乡融合视角对乡村治理体系建设进一步优化政策举措，完善当前政策体系。

（一）探索集体经济多层次参与路径

农村集体经济组织是促进乡村有效治理的基础性支撑，各地应注重以发展壮大集体经济全面促进乡村治理的优化提升。集体经济组织应重点关注以下发展机遇：一是为农户和新型经营主体提供生产技术、物流、劳务、农机等覆盖全产业链的农业生产性服务；为新进入农村的主体提供物业服务、安全服务等综合性服务。二是承担政府购买的各类公共服务，如绿色防控、基础设施维护、垃圾污水处理、小微型基础设施维护、森林防火等。同时，在集体经济组织的发展中尽可能吸纳低收入群体，在收益使用方式中强化各类社区公共服务供给，并在收益分配制度中强化其扶贫助弱的社会职能。

（二）创新构建发展性激励制度

乡村群众和干部热情参与、主动作为愈加成为推动乡村治理的重要动力。激发乡村治理队伍工作积极性需要以系统、科学的发展性激励机制为重要支撑。一是建立发展激励机制。将乡村治理成效纳入年度目标考核，对表现突出的网格员、志愿者等治理人员分等级进行奖励，在干部选拔上优先考虑这些人员。二是建立荣誉激励机制。定期开展"荣誉村民""十佳网格员""优秀志愿者"等活动，充分发挥新闻媒体和网络新媒体作用，大力表彰并提升乡村治理带头人的社会声誉。三是建立保障性激励机制。探索出台对集体经济管理者、村民理事会带头人、网格员等乡村治理关键人员的社保补贴政策，鼓励符合条件的人员以个体身份参加企业职工基本养老保险。

（三）着力强化社会组织的深度参与

市场主体和社会组织的植入不仅能够解决长期以来农村社区内部治理组织不足、人才短缺的短板问题，而且能够产生重要的裂变效应，为乡村治理提供专业化、组织化的重要支撑。[1] 一是引进专业社会组织，强化公共服务供给。积极对接优秀社会组织，以政府购买服务的方式由社会组织承接乡村治理延伸出来的多项公共服务。二是加大本土内生性社会组织孵化和扶持力度。引进专业的社会组织孵化机构，积极培育本土内生性社会组织。通过设立"创益基金""种子基金"，鼓励本地居民、返乡大学生等积极策划发起社区公益项目，或创办文化娱乐、弱势群体救助、农村养老等互助性自组织。

（四）全面赋能多元化基层治理主体

乡村治理需要深化政府、公众、市场、社会组织等不同主体的合作关系，既注重各级部门的有效分工与合作，又要发挥村两委、集体经济组织、红白理事会、社会组织和志愿者等在基层治理中的积极作用，进一步探索多元主体参与治理新路径。一是明确不同主体的职能范围。不同治理主体应以职能互补为导向，明确各自的治理边界。其中，村两委应以提供公共服务为主，集体经济组织可提取公积金公益金来满足孤寡老人陪护、学生教育奖励等帮扶需求。村民理事会等非正式组织应发挥其公信力作用，以协调村民矛盾纠纷、开展政策解读宣传等工作为主。二是构建协商议事机制。通过内部组织整合，完善多层协商、流程清晰

---

[1] 王鹏：《党建引领乡村治理：内在逻辑与典型模式》，《国家治理》2023年第6期。

的协商议事制度，发挥村民理事会、退休人员等村庄内部治理主体的能动性。三是发挥乡村能人的带动作用。运用"物质+精神"双重手段，促进新乡贤、农民工、大学生、退伍军人等各类乡村精英人员回归家乡。①

（五）探索建立整合性治理平台

乡村治理是一个系统工程，必须建立整合性治理平台，加强政策、资源、多方主体的协同和统筹。首先，充分运用互联网、大数据技术，以整合政府内部相关职能部门条块间的信息资源为重要切入点，实现多主体治理资源的有效整合。可由农业农村部门牵头对政法委、应急管理局、公安、民政、信访等涉及乡村治理职能部门的信息平台进行优化整合，构建统一的多功能"大网格化"综合信息管理平台，打破不同职能部门、不同政府层级的信息壁垒，使各个职能部门的治理信息实现共享。其次，对县级各部门、镇村相关治理服务平台和内容进行有效整合，搭建智能一体化政务服务平台，为群众提供精准化、精细化服务，提高基层治理数字化智能化水平。

作者：郭晓鸣，四川省社会科学院（成都市，610071）
骆希，四川师范大学中国乡村振兴研究院（成都市，610066）

---

① 郭晓鸣：《贫困地区农村集体经济发展的挑战与建议》，《四川日报》2019年3月29日。

中国乡村治理：转型演进与时代难题

陈文胜

内容提要 在国家现代化战略目标下，乡村治理转型的现实演进围绕着国家现代化各阶段目标任务而展开，从民间方案到国家方略，从顶层设计到基层实践，从地区典型到全国典范，在不断探索和实践中形成了具有中国特色的社会主义乡村治理新模式。随着现代化的不断推进与社会结构的深刻变动，乡村公共职能、公共决策和公共服务方面日益凸显出多重结构性矛盾，影响乡村振兴的推进。因此，必须推进乡村治理回归社会管理和公共服务的本源，公共产品以满足农民最紧迫的需求为导向，治理模式以建立多元主体共治格局为目标，干部队伍以不拘一格选人用人为突破，基层党建以动员群众发动群众为关键，考核机制以注重结果导向为引领，以回应乡村治理体系与治理能力现代化的时代之问。

关 键 词 乡村治理 现实演进 公共职能 公共决策 公共服务

乡村是国家最基本的治理单元，是国家治理体系和治理能力现代化的前沿阵地。随着乡村振兴战略的深入实施，乡村治理现代化成为实现全面建设社会主义现代化国家的时代要求，其所承载的政策价值、社会价值与文化价值日益显著。在中国乡村治理转型的现实演进中，如何回应新时代乡村治理

---

* 本文为湖南省社科基金智库重大项目"湖南扎实推进乡村全面振兴研究"（24ZWA03）的阶段性研究成果。

的时代之问，成为乡村治理体系和治理能力能否现代化、乡村能否全面振兴的核心命题。

一 改革开放以来乡村治理转型的现实演进

改革开放以来，在国家现代化战略目标下，伴随着城镇化的快速推进，乡村治理转型的现实演进围绕着国家现代化各阶段目标任务而展开，在不断探索和实践中形成了具有中国特色的社会主义乡村治理新模式。

（一）从民间方案逐渐成为国家治理体制机制创新的"发源地"

在改革开放的进程中，所有的问题都没有现成的答案，更缺乏自上而下的顶层规划和设计经验，只能尊重基层探索、尊重农民首创[1]，推进"最大的民主"就是把权力"下放给农民"[2]。邓小平特别指出，"我们改革开放的成功，不是靠本本，而是靠实践，靠实事求是。农村搞家庭联产承包，这个发明权是农民的。农村改革中的好多东西，都是基层创造出来的，我们把它拿来加工提高作为全国的指导。"[3]

自20世纪80年代以来，基层自发组织的丰富实践被纳入国家治理体系，推动了乡村治理体制机制的创新。从安徽小岗村的"大包干"，到广西合寨村的"村委会"选举，都是源自民间方案的智慧结晶，使乡村治理成为创新体制机制的"发源地"，[4] 得到党中央的肯定与鼓励而不断完善并走向全国。在这一过程中，逐渐形成了重视民本治理、推动政府职能转变、强调法治的乡村治理新机制，这逐渐成为全社会的改革共识与时代精神。

---

[1] 陈文胜：《论中国乡村变迁》，社会科学文献出版社，2021，第44页。
[2] 邓小平：《邓小平文选》（第三卷），人民出版社，1993，第252页。
[3] 邓小平：《邓小平文选》（第三卷），人民出版社，1993，第382页。
[4] 刘海军、丁茂战：《乡村治理现代化的历程、经验与进路》，《国家现代化建设研究》2022年第3期。

（二）从基层实践逐渐成为国家治理深化体制改革的"试验田"

习近平强调，"中国式现代化是分阶段、分领域推进的，实现各个阶段发展目标、落实各个领域发展战略同样需要进行顶层设计"。[①] 在中国乡村治理现代转型的历程中，顶层设计始终是推进体制改革的一个重要动力。自党的十八届三中全会的《中共中央关于全面深化改革若干重大问题的决定》，到中办、国办发布的《深化农村改革综合性实施方案》，再到乡村振兴战略的提出，全方位的顶层设计为基层创新提供了宏观指导与政策依托，实现了理论与实践的有效衔接。

而基层的实践活动，则是这类改革落地生根的关键所在。为了确保改革的有效性与适应性，农村基层被赋予了探索与尝试的空间。党的十八大以来，农村改革试验区成为中央推进农村改革试点试验的综合平台，农村基层承担着深化体制改革的"试验田"角色。无数治理实践如火种一般点燃，也不断地被汇集、提炼，构成推动治理体系进步的动力源泉。无论是贵州六盘水"资源变资产、资金变股金、农民变股东"的"三变"试验、江西余江区的"宅基地有偿使用"试验、宁夏平罗县的"宅基地有偿退出"试验，还是湖北省秭归县"幸福村落"的微治理试验、浙江的"枫桥经验"和"千万工程"，这些原本看似各自独立的实践活动，发展成为深化体制改革的"试验"，进而影响并指导全国更为广泛的治理改革，推动中国乡村治理现代化的进程。

在这一路径上，农村基层的实际问题和需求被充分考虑，顶层设计不是脱离实际的构想。随着政策与实践的不断互动，这种自下向上的信息反馈机制逐渐完善，乡村治理结构和功能得以优化。同时，农村基层干部与村民在这一过程中培育出了自我管理与自我服务的能力，不仅增强了地方治理的活力，也为持续推进治理现代化积聚了宝贵经验。

[①] 习近平：《推进中国式现代化需要处理好若干重大关系》，《求是》2023 年第 19 期。

(三)从地区典型逐渐成为国家治理模式机制创新的"示范区"

乡村治理示范区的成功归因于其能够聚焦乡村实践中的创新模式机制，充分发掘和总结地区典型的治理经验，形成可复制、可推广的模式。乡村振兴推进以来，为贯彻落实党中央关于推进国家治理体系与治理能力现代化的战略部署，发挥具有典型经验的"示范区"的引领作用，地方政府在推动乡村治理过程中挖掘本地特色，结合实际条件，探索出多样化的治理模式，包括共建共治共享的治理体制、乡村治理与经济社会协同发展的机制、乡村治理的组织体系、党组织领导自治法治德治相结合的路径，完善基层治理方式、村级权力监管机制，创新村民议事协商形式、现代乡村治理手段，[1] 有力地推进政府治理、社会参与、村民自治良性互动，构建了共建共治共享的乡村治理新格局。

从中央农办、农业农村部、中央宣传部、民政部、司法部在2019年发布的首批全国乡村治理示范村镇名单，到2023年发布的第三批全国乡村治理示范村镇名单；从中央农办秘书局、农业农村部办公厅在2019年发布的首批全国乡村治理典型案例征集，到2023年发布的第五批全国乡村治理典型案例征集，使地区典型上升为全国典范，成为政策导向和创新探索的先行者，凸显了典型案例的借鉴和引领作用，有效激发了乡村振兴的新动能。

乡村治理示范区的建设，不仅体现在能够根据国情、地情形成差异化的治理对策，调动广泛的社会力量共同参与乡村振兴的实践；还彰显了乡村治理现代化的路径选择，即将传统优势与现代治理需求有机结合，发挥基层创新主体的作用，充分挖掘各类社会资源和服务渠道，构建多元参与的治理网络。[2]

---

[1] 李慧：《我国开展首批乡村治理体系建设试点示范》，《光明日报》2019年12月29日。
[2] 秦中春、李青：《我国乡村治理的政策演变与未来取向》，《重庆理工大学学报》（社会科学）2021年第10期。

（四）从试点验证逐渐成为国家治理效能展示的"公告栏"

乡村治理作为连接国家政策与农民实际需求的桥梁，在凸显政策效能方面扮演着无可替代的"公告栏"角色。通过全面发力和精准施策，政府不仅展示了治理成果，同时也通过试点项目实地验证了乡村治理的实用性和有效性。乡村治理试点工程的开展，有助于政策从宏观层面向具体实践层面的快速落地，从而精准识别和解决实际问题，推进乡村治理的现代化进程。

如湖北以秭归为试验区，以自然村落为单元实现党小组在村落内全覆盖，以村落理事会为自治主体推进治理重心下沉，重构农村自治单元，探索"幸福村落"的村民自治有效实现形式，真正让村民自治落地生根，有效化解了农村社会"神经末梢"管理缺位和失灵问题，形成自治、法治和德治相结合的乡村治理新框架。这种模式不仅深化了村民在乡村治理中的决策参与，也促进了社区共治共享的理念进一步渗透，实现了乡村治理能力与治理工具现代化水平的有效提升。同时，通过创新乡村社会治理体制，不断丰富和完善自治法规和习惯法，极大地增强了乡村内部治理机制的弹性和适应性。[①]

广东清远通过体制机制创新，推动基层党组织重心下移、村民自治重心下移、公共服务重心下移，不仅提升了基层治理能力，还增强了乡村治理的精细化和科学化，让村民能够在日常治理中获得更多的话语权与决策权。此种方式在地方实践中形成了一套具有指导意义的经验体系，改善了传统治理方式中存在的不足，提高了乡村治理的整体效能和农民的幸福感。[②]

在这一过程中，通过建立和完善绩效评估系统，将治理过程和效果向社会公开，系统性梳理试点项目的成功经验和不足，不断进行政策迭代更新，形成了政策效果的良性反馈机制。进而在更广泛的范围内推广完善后的乡

[①] 杨瑞雪：《湖北秭归：幸福村落的治理良方》，《决策》2019年第7期。
[②] 黄剑琴：《乡村振兴的"清远探路"》，《南方日报》2018年8月31日。

治理模式，有效激发了乡村振兴的内在活力和潜能，确保了政策实施具有持续动力和自我完善能力。①

二 新时代乡村治理面临的多重结构性难题

进入新时代，随着现代化的不断推进与社会结构的深刻变动，乡村公共职能、公共决策和公共服务方面日益凸显多重结构性矛盾。主要表现为在乡村公共职能中存在不适应现代治理要求的结构性问题，乡村公共决策过程中的参与主体多元化与利益博弈所产生的结构性矛盾，乡村公共服务在供给效率与质量上所面临的系统性挑战。

（一）乡村公共职能的结构性矛盾

乡村公共职能的结构性矛盾表现在资源配置、决策体系及执行效率等多个层面，其根本原因在于传统治理模式与现代治理需求之间的不适配，导致了资源分配和公共服务供给的公共职能的非均衡性。朱光磊认为，"合理确认各级政府职责，是实现科学有效治理和切实转变政府职能的体制机制保证"。② 但由于不同政策主体在乡村治理中承担着不同的公共职能，各级政府在乡村公共职能上存在着差异性，就导致了不同政策主体对乡村公共职能的划分与分配存在分歧，这直接影响了乡村治理的效能。

在自上而下为主导的乡村治理模式中，一方面，乡村的公共职能必须服从于县级以上各级政府，而不是服从于乡村社会和农民的需要。另一方面，直接服务于乡村社会和农民的乡镇政府权力有限和资源不足，对很多乡村公共职能的履行都显得力不从心，不能及时响应村民的实际需求。尤其是乡村

---

① 高强：《健全现代乡村治理体系的实践探索与路径选择》，《改革》2019 年第 12 期。
② 朱光磊：《构建政府职责体系是解决基层治理负担过重问题的根本出路》，《探索与争鸣》2023 年第 1 期。

公共职能常受到地方政府财政收入和政策倾斜的双重影响，使优质资源往往优先满足自上而下确定的少数地区、少数乡村，它们因而拥有更多的公共资源和发展机会，而大多数地区、大多数乡村则因资源匮乏而陷入发展瓶颈，这种不均衡的资源配置严重制约了乡村公共职能的正常发挥。

其中公共职能的越位问题尤为明显，其核心表现为基层政府在乡村治理中的过度介入。基层政府部门在不恰当地执行职能时，往往会侵犯到农民的自主权，造成自治机制的功能失调。在这一过程中，基层政府往往以促进发展的名义，过度干预乡村内部事务，导致乡村自我发展能力的削弱和社区活力的流失。

调研发现，在一些地方，基层政府的权力介入乡村不限于经济建设领域，更深入社会管理和文化教育等多个层面。如在一些乡村文化活动和教育推广项目中，基层政府的介入导致了项目内容与村民实际需求之间的严重脱节。本应由村民自主选择和管理的活动，变成了上级政府规划和决定的项目，村民的参与感和满意度大大降低，乡村治理的本地化和个性化特征受到破坏。

（二）乡村公共决策的结构性矛盾

无论是"市场失灵"还是"政府失灵"，托马斯认为，公民参与决策无可避免，政策质量和政策的公民可接受性是有效决策的两个核心变量。[①] 在现代化进程中，伴随着中国社会的多元发展，乡村公共决策过程中涉及的利益方包括了传统的乡村精英、外来投资者、政府代表以及普通村民，利益关系错综复杂，需要一个各方之间协调和沟通的乡村公共决策机制。而多元化的参与主体和复杂的利益博弈形成了一种难以调和的矛盾态势，带来公共决策的科学性和针对性不足，无法充分满足乡村差异性的需要。

---

① 〔美〕约翰·克莱顿·托马斯：《公共决策中的公民参与》，孙柏瑛等译，中国人民大学出版社，2014，第60页。

长期以来，由于乡村公共决策大多采取自上而下的模式，往往忽视了民主过程和村民的主体地位，缺乏以村民需求为导向的乡村公共资源配置和基本公共服务这样一个制度性渠道，各方面的意见难以被充分听取和考虑，因而乡村公共决策的过程中存在显著的信息不对称问题。虽然表面上呈现民主化趋势，实际上村民对于重要信息的获取通常处于被动状态，难以表达对公共资源配置和基本公共服务的需求从而缺乏影响力[1]，决策过程容易受到外部力量的影响和操控。

在农村土地管理、环境保护等重大决策中，政府部门常常单方面作出决策，缺少对村民意愿的充分尊重。这不仅忽略了农民的知情权和参与权，削弱了村民参与公共事务的能力，削弱了村民自治组织的功能，也影响了乡村公共需求对公共决策的接受度，削弱了政策执行的有效性。

尤其在关键领域如经济发展、教育资源分配和医疗保障方面，这种乡村公共决策的结构性矛盾严重阻碍了乡村振兴的进程。短视和片面的决策，常常倾向于追求短期经济效益，忽略了农业与农村产业的可持续发展。在不少地方，追求把农田快速转变为商业用途，而不是基于长远视角优化农业结构或支持生态农业的实践，这种现象在很大程度上削弱了农村的自我发展能力和生态环境发展的可持续性。

在农村教育资源配置方面，应当依据地方实际需求进行科学决策，但现实中往往忽视了基于数据和实地调查的决策过程，导致资源不能有效满足当地的教育需求。在医疗资源的分配方面，理论上随着医疗改革的深入，基层医疗卫生服务应该得到加强，确保农村居民的基本医疗需求得到满足。然而，现实中的决策缺位常常导致医疗资源向经济更发达的地区倾斜，农村地区尤其是边远地区的医疗设施和人才配备严重不足。

决策的质量与效率问题也是乡村公共决策中的一大结构性矛盾。由于缺乏专业的决策支持系统和科学的决策方法，乡村公共决策往往依赖于传统经验和个人主观判断，这在复杂多变的现代社会背景下显得尤为不足。这种方

---

[1] 陈文胜：《中国乡村何以兴》，中国农业出版社，2023，第130~131页。

法在处理如土地利用、经济发展策略等复杂问题时，往往难以达到科学、合理的决策效果，进而影响乡村的可持续发展。①

（三）乡村公共服务的结构性矛盾

国家在乡村社会的地位，正如狄骥所言，国家不再是一种发布命令的主权权力，它是由一群个人组成的机构，这些个人必须使用他们所拥有的力量来服务于公众需要，公共服务的概念正在取代主权的概念。② 通过治理现代化的透镜，可以洞察到基本公共服务水平的提升，不单体现为供给质量与效率的革新，更是实现社会公平正义的重要途径。

在乡村振兴中，政府未能有效满足农民对乡村公共服务的需要，主要表现为供给与需求的结构性矛盾。由于对农民需求了解不足以及顶层设计与基层实际的脱节，政府在乡村公共资源配置上具有盲目性和非效率性，使公共服务的供给常常偏离了农民的实际需求，一部分公共服务项目与农民群众的真实需求相脱节。农民对基础设施如水利、道路、教育和医疗等方面的迫切需求，往往未能得到应有的重视与快速响应，而相关部门却在一些不紧迫的项目上浪费了大量资源。

区域不平衡发展的现状使发展目标和需求存在明显的差异性。资源丰富的地区和资源匮乏的地区在公共服务的数量和质量上存在巨大差异，如经济发达地区的乡村教育、医疗和文化设施较为完善，而经济较弱地区的乡村则因资金和资源不足，难以建立起有效的公共服务系统。

乡村公共服务的效率和质量问题也日益凸显。由于缺乏有效的管理和技术支持，许多地区的乡村公共服务项目不能充分满足村民的实际需要。如一些地区的水利设施老化严重，不能有效地支持农业生产和居民生活需要，基础教育设施简陋，教学质量难以保证。这些问题直接影响了乡村居民的生活

---

① Chao Y., Jiawei P., and Zhimin L., "The Historical Logics and Geographical Patterns of Rural-urban Governance in China", *Journal of Geographical Sciences*, Vol. 32, No. 7, 2022.

② 〔法〕狄骥：《公法的变迁》，郑戈译，商务印书馆，2013，第8页。

质量和子女的成长环境，加剧了城乡发展不均衡的问题。

基层政府在乡村公共服务供给中的角色亦是矛盾的一环。在现行体制下，基层政府往往因财政压力和资源分配的不合理，难以承担起提供高质量公共服务的责任。尽管基层政府试图通过各种政策和措施来改善乡村公共服务，但效果并不显著。其中的原因也包括公共服务项目的实施和监督存在腐败和效率低下的问题，导致资源不能有效利用、服务质量难以提升。

三 推进乡村治理回归社会管理和公共服务的本源

根据公共行政理论，"政府的职能是服务，而不是掌舵"。[①] 这就需要"改变以往政府注重单一职能行使的做法，使政府回归其本源"。[②] 那么，推进基层政府回归社会管理和公共服务上来，就是回应乡村治理现代转型的时代之问，有效应对乡村治理实践中面对的多重结构性矛盾、加快乡村治理体系与治理能力现代化的现实要求。

（一）公共产品以满足农民最紧迫的需求为导向

在乡村治理的传统模式中，公共产品供给主要由政府自上而下主导，这种模式在资源配置、决策效率以及群众参与度方面展现出诸多不足。破解乡村公共产品结构性矛盾，必须推进由政府主导向农民主导的转变，建立自上而下与自下而上相结合、农民群众参与的决策机制，着力解决农民最需要的没去干、干了一些农民不太需要的事这个现实问题[③]，从根本上遏制官僚主义、形式主义在基层的蔓延。

习近平总书记明确要求，"推动乡村治理重心下移，尽可能把资源、服

[①] 〔美〕珍妮特·V.登哈特、罗伯特·B.登哈特：《新公共服务：服务，而不是掌舵》，丁煌译，中国人民大学出版，2014。
[②] 竺乾威：《公共行政的理论、实践与发展》，复旦大学出版社，2021，第94页。
[③] 陈文胜：《大国村庄的进路》，湖南师范大学出版社，2020，第187页。

务、管理下放到基层"。① 这就需要推进公共服务供给方式变革,重构供给体系,提升供给的适应性和效率。不仅涉及供给方式的创新,要求公共服务决策从"纸面"下沉到乡村"地面",根据农民最紧迫的需求意愿,因村施策,差异化确定公共服务供给;也涉及群众参与机制的建设和完善,对农村公共产品供给进行全过程公开透明。

从公共产品的类型和供给方式入手。非核心的公共产品应引入更多社会力量参与其供给过程,政府则需在关键领域和基础设施建设中发挥不可替代的作用。通过引入市场机制对某些公共服务进行分类管理,提高资源配置的效率和透明度,从而更好地满足乡村居民的需求和期望。②

建立村民参与公共决策的平台是关键。党的二十大报告明确提出,畅通和规范群众诉求表达、利益协调、权益保障通道,完善网格化管理、精细化服务、信息化支撑的基层治理平台。③ 通过改革和优化村民议事会等决策机构,确保决策过程的公开透明,提升群众对公共事务的了解和参与度。在此基础上,推广电子治理和信息化手段,通过网络平台收集和反馈群众意见,有效整合各方资源,促进信息的公平流通与共享,同时提升决策的科学性和实效性。

加强对公共产品以满足农民最紧迫需求为导向的法律支持和政策保障。确保农民群众在公共产品供给中的主体地位不仅仅是名义上的,这包括对村民自治法规的修订和完善,加大对村级组织功能的法律赋权力度,回归村民自治本源。

创新和拓展公共产品的供给渠道和方式。针对现行乡村治理结构中的不足,探索多元化的资金筹措方式和经费管理模式,通过政府、市场、社会组

---

① 中共中央党史和文献研究院编《十九大以来重要文献选编(上)》,中央文献出版社,2019,第168页。
② 秦中春、李青:《我国乡村治理的政策演变与未来取向》,《重庆理工大学学报》(社会科学)2021年第10期。
③ 习近平:《高举中国特色社会主义伟大旗帜 为全面建设社会主义现代化国家而团结奋斗——在中国共产党第二十次全国代表大会上的报告》,《人民日报》2022年10月26日。

织和村民共同参与，形成合力，为公共产品供给提供稳定和持续的资金保障。尤其是在财政支持方面，通过设立专项基金和激励机制，鼓励和引导更多的社会资本投入乡村公共服务领域。

（二）治理模式以建立多元主体共治格局为目标

随着中国城镇化的快速推进，"农村利益主体、社会阶层日趋多元化，各类组织活动和诉求明显增多"。[1] 乡村社会结构已经演变为多元主体和多元诉求，乡村治理秩序形成了多元形态，单一的治理模式不仅难以应对多元的社会现实[2]，也常常导致资源配置的不合理和决策效率的低下。习近平总书记提出，"建立健全党委领导、政府负责、社会协同、公众参与、法治保障的现代乡村社会治理体制，确保乡村社会充满活力、安定有序"。[3] 因此，应通过自上而下基础性国家制度建构与自下而上的乡村差异化治理机制建构相结合，推进多元主体参与来实现治理模式的优化，从而建立多元主体共治格局与权力结构，达成乡村社会的最大公约数[4]，以有效提高治理效率与村民参与度。

多元主体治理是响应现代治理复杂性的必然选择。传统的以政府为中心的乡村治理模式在面对多样化的公共需求和利益博弈时显得力不从心，而多元主体治理能够通过分散治理权力，引入社会组织、民间企业及村民群体等，实现更广泛的资源动员和利益平衡。可以通过建立包括非政府组织、社区基金会、私营企业等在内的乡村治理网络，有效避免传统政府职能的不足，提升治理的灵活性和响应速度。

以多元主体参与的治理机制促进决策民主化和透明化。通过建立开放的

---

[1] 中共中央文献研究室编《十八大以来重要文献选编（上）》，中央文献出版社，2014，第680~681页。
[2] 陈文胜：《城镇化进程中乡村治理秩序的变迁》，《浙江学刊》2020年第5期。
[3] 《习近平李克强王沪宁赵乐际韩正分别参加全国人大会议一些代表团审议》，《人民日报》2018年3月9日。
[4] 陈文胜：《论中国乡村变迁》，社会科学文献出版社，2021，第128页。

信息平台和决策参与机制，让不同利益群体都有机会参与到乡村公共决策过程中，不仅可以提高政策的接受度和实施效果，还可以通过公众监督减少乡村治理过程中的腐败和效率低下问题。研究表明，当农村基层治理引入更多的社会力量参与时，公共决策的质量和执行力都有显著提升。

建立多元主体治理的协调和监管体系。这对于防止乡村各利益主体之间的冲突和资源错配尤为关键。乡村治理实践应设计合理的权力制衡和责任机制，确保各参与主体在共同遵守规则的基础上，发挥各自的优势和功能。如美国行政学家奥斯特罗姆夫妇提出的多中心治理理论强调，有效的多元治理需要建立在互相制衡和合作的基础之上。[1]

（三）干部队伍以不拘一格选人用人为突破

习近平提出，"许多农村出现村庄空心化、农民老龄化现象"。[2] 在城市"虹吸效应"背景下，人才流失严重的乡村往往存在一个怪圈，一方面人才严重短缺，乡村干部队伍普遍后继乏人；另一方面又设立了身份、年龄、学历等条条框框，限制了人才的进入和使用，加剧了人才的匮乏。

乡村振兴，人才是关键。要培养造就一支懂农业、爱农村、爱农民的"三农"工作队伍，关键在于不拘一格选人用人，从而按照习近平总书记的要求，推动乡村人才振兴，激励各类人才在农村广阔天地大施所能，"让愿意留在乡村、建设家乡的人留得安心，让愿意上山下乡、回报乡村的人更有信心，激励各类人才在农村广阔天地大施所能、大展才华、大显身手，打造一支强大的乡村振兴人才队伍"。[3]

选人用人要敢于唯才是举。推进乡村振兴，迫切需要建立一支愿干事、

---

[1] 〔美〕迈克尔·麦金尼斯：《多中心治理体制与地方公共经济》，毛寿龙译，上海三联书店，2000。
[2] 中共中央文献研究室编《十八大以来重要文献选编（上）》，中央文献出版社，2014，第680页。
[3] 《习近平李克强王沪宁赵乐际韩正分别参加全国人大会议一些代表团审议》，《人民日报》2018年3月9日。

能干事、干成事的乡村干部队伍，实现人尽其才、才尽其用。一方面，对卓异人才，基层党组织要敢于打破条条框框大胆破格提拔，用其所长，避其所短；另一方面，要善于保护人才，在强化党纪政纪的严管厚爱的同时，对受到误解、非议、嫉妒和打击的有才有能干部，基层党组织要敢于挺身而出，为他们推功揽过、承担责任①。

选人用人过程公开透明。使用网络化的干部信息管理系统，公开选拔程序和结果，确保选拔过程的公正性。并通过建立干部绩效反馈机制，将干部工作绩效与群众评价直接关联，形成有效的监督和激励机制。而且以问题导向来激发治理的活力，同样适用于乡村干部队伍管理，通过问题反馈来优化乡村干部队伍建设。

创新选人用人政策以推动人才下乡。必须消除打破城乡人口流动二元结构的核心制度障碍，探索乡村干部选人用人的机制创新。放活户籍制度和宅基地制度，让外出求学的大学生能够重返乡村成为乡村振兴的中坚力量，让在外的乡贤、退休干部、退役军人能够返乡成为乡村振兴的重要力量，让下乡创业投资办实体、办实业的市民在乡村能够安居乐业。

通过以上措施，推动乡村干部队伍从封闭式向开放式转变，构建一个更加动态、透明和高效的治理体系，以应对乡村不断空心化的挑战。

（四）基层党建以动员群众、发动群众为关键

乡村基层党建创新滞后于社会发展变革，导致农民与基层陷入服从与被支配地位从而丧失自主能力和首创精神，形成"干部在干、农民在看"的乡村治理怪象。② 其中的一个重要原因就是基层党组织大多注重领导群众，聚焦于领导层面的任务指派和决策执行。而党员队伍结构的多元化、社会思想观念的多元化、群众期待的多元化，也给基层党组织提升凝聚力和战斗力带来了不少压力。在全面推进乡村振兴的目标下，农村基层党建承担

---

① 陈文胜编著《论道大国"三农"：对话前沿问题》，中国农业出版社，2021，第225页。
② 陈文胜：《中国乡村何以兴》，中国农业出版社，2023，第16页。

着动员和发动群众的重要责任，推动农村基层党建从单纯的领导，向更多元、更动态的群众发动模式转变显得尤为关键。不仅需关注农村基层组织结构和功能的调整，还需强化农村基层党组织与农民群众之间的互动和信任。

回顾中国社会主义革命和建设的历史进程，党始终重视依靠群众、发动群众，在基层形成了的强大群众动员能力，群众路线就成为党不断走向成功的传家宝。在新时代，习近平提出，把"枫桥经验"坚持好、发展好，把党的群众路线坚持好、贯彻好，充分发动群众、组织群众、依靠群众，推进基层社会治理创新。[①] 也就是进一步强调坚持和贯彻党的群众路线，在实施乡村振兴战略中推进从注重领导农民群众向同时注重发动农民群众、组织农民群众、依靠农民群众转变，实现国家治理重心向农村基层下移。

农村基层党组织需要从简单的决策执行者转变为农民需求的倾听者和响应者。这要求党组织在日常工作中更多地下沉到农民中去，通过实地调研、座谈会等形式，深入了解农民的真实需求和期望。领导方式也应从上至下的单向指令转向双向互动，即不仅传达政策，更要引导农民参与到政策的制定和实施过程中来，真正做到"从群众中来，到群众中去"。

农村基层党建的功能转型，应重视提升党员干部的服务能力和水平。加强对农村党员干部的教育和培训，特别是在公共政策、法律法规、社会管理等方面的培训，以增强农村基层党组织面对新挑战的能力。同时，要通过科技手段，如信息化管理平台，提高农村基层党组织的工作效率和响应速度，以更科学的方式管理和动员农民群众，提高乡村治理质量。

农村基层党建需要在激发农民群众主体性和创造性方面下功夫。在国家制度层面，徐勇认为，村民自治权是国家赋予农民的一项不可剥夺、不可转让的基本权利。[②] 要形成更加开放和包容的治理环境，就必须坚持农民的主

---

① 《习近平出席全国公安工作会议并发表重要讲话》，《人民日报》2019 年 5 月 9 日。
② 徐勇：《村民自治的深化：权利保障与社区重建——新世纪以来中国村民自治发展的走向》，《学习与探索》，2005 年第 4 期。

体地位，对农民的法定权利始终保持敬畏之心，尊重农民意愿、进行民主决策，以激发基层和农民的主体作用和首创精神。党组织应引导并支持农民群众成立各类社会组织和志愿团体，参与到乡村治理的具体事务中，这不仅有助于提升农民群众的自我管理能力，还能通过活动实践增进乡村社会的凝聚力和乡村治理的满意度与公信力。

（五）考核机制以注重结果导向为引领

考核在本质上是推动工作高效落实，确保国家政策在乡村落地，保障农民群众拥有实实在在的获得感[①]。但在乡村治理中，工作考核越来越强调形式、流程的合规性，而非实际成果与效果，导致注重工作过程的"痕迹化"现象日益蔓延，忽视了工作的最终社会效益与实际价值，从而陷入了形式主义和官僚主义的泥潭。这就需要从提升乡村治理效率与质量出发，推进考核方式从注重工作过程转变为工作结果导向，通过重视工作成效激励基层政府和基层干部达成治理目标，激发乡村治理创新活力。

重构考核指标体系，将指标设计与乡村治理的具体成果和群众的实际满意度紧密结合。这涉及从单一的任务完成度评价，转向更加综合的社会效益和长远发展的评估模式。习近平总书记提出，历史充分证明，江山就是人民，人民就是江山，人心向背关系党的生死存亡。[②] 因此，结果导向的考核标准，必须以农民群众满意度和参与度作为主要考核内容，落实好乡村振兴为农民而兴、乡村建设为农民而建的基本要求，把握好"是否符合农民意愿，是否有着坚实的民意基础，是否维护了农民利益"等原则问题，[③] 从而激励农村基层党组织和基层干部积极探索更有效的群众工作方法。乡村基础设施建设的评价，应从简

[①] 陈文胜：《中国乡村何以兴》，中国农业出版社，2023，第163页。
[②] 习近平：《在党史学习教育动员大会上的讲话》，《求是》2021年第7期。
[③] 奉清清：《全面推进乡村振兴的底线、主线与重点任务——访湖南师范大学中国乡村振兴研究院院长、省委农村工作领导小组三农工作专家组组长陈文胜》，《湖南日报》2022年2月24日。

单地评估完工率转向评估使用效率、维护成本以及对提升村民生活质量的贡献度。

改变考核周期，采用动态调整的考核周期和反馈机制，更精确地反映政策执行的即时影响和长期效果。动态考核机制要求在每个考核周期结束时，根据实际工作成果进行即时反馈和必要的策略调整，而不是仅仅在年度或任期末进行总结评价，从而避免长周期内的政策失误累积和资源浪费。

加强对基层干部创新能力的激励，建立健全考核体系的容错机制，为有担当有作为的基层干部"保驾护航"。在基层现实中，考核体系往往倾向于奖励那些能够稳妥执行命令的干部，而忽视了创新和冒险所带来的潜在价值，容易形成"多干多错、少干少错、不干不错"的错误导向。党的二十大报告强调，落实"三个区分开来"，激励干部敢于担当、积极作为。[1] 因此，基于严管厚爱相结合，迫切需要建立一种鼓励创新的容错机制，为干事创业者送上"定心丸"，是促进乡村治理现代化的客观要求。通过实施差异化的乡村治理激励政策，对那些能够提出并实施有效创新的农村基层组织和个人给予更多的认可和奖励，在推进乡村振兴中真正营造为改革创新者撑腰的良好氛围。

作者：陈文胜，湖南师范大学中国乡村振兴研究院（长沙市，410081）

---

[1] 习近平：《高举中国特色社会主义伟大旗帜 为全面建设社会主义现代化国家而团结奋斗——在中国共产党第二十次全国代表大会上的报告》，《人民日报》2022年10月26日。

以家户制为主体单元的乡村治理现代化

陆福兴

内容提要 大国小农是我国经济社会发展的突出特征，也是我国乡村治理现代化的鲜明特色。大国小农下的家户制是乡村治理的基本主体单元，决定了乡村治理并非直接的村民个体治理，而是以农户家户制作为单位的家庭成员的合意治理，家户制家长对乡村治理的意思表达是家庭集体利益平衡的合意表达，这一特点决定了我国乡村治理现代化的中国特征。突出以家户制为主体单元的治理特征，探讨其适应的对策是推进乡村"三治融合"治理有效、实现乡村治理现代化的重要基础和前提。

关 键 词 家户制　主体单元　治理现代化

大国小农是中国式现代化的突出特征，也是我国乡村振兴治理有效的现实基础。习近平总书记曾经说过："一个国家选择什么样的治理体系，是由这个国家的历史传承、文化传统、经济社会发展水平决定的，是由这个国家的人民决定的。"[1] 我国乡村治理的基本主体单元是一家一户的小农户，小农户是传承数千年的家户制形成的乡村生产生活基本单元，家户制的基本单元不是农民个人而是一个家庭组成的小集体，以家户制为主体单元是我国实现乡村治理现代化的重要国情民情和乡情。因

---

[1] 习近平：《习近平谈治国理政》（第一卷），外文出版社，2018，第105页。

此，研究以家户制为特征的乡村治理现代化，是当前乡村治理现代化需要特别关注的学术问题。

一 家户制乡村治理的理论内涵及意义

以小农户为治理单元的传统家户制作为乡村治理主体长期存在是我国的基本国情，也是我国乡村治理现代化的主要特色。据统计，到2030年我国仍将有1.7亿户左右小农户，2050年还有1亿户左右。[1] 可见，我国传统的家庭治理中，家庭不仅要对家庭成员进行行为约束，而且要保证家庭成员对外有"礼义廉耻"从而维护家庭的形象和颜面，家庭内部治理是我国家户制乡村治理的重要责任，我国乡村村民社会交往的行为规则和为人处世原则以及礼仪秩序，大多是通过家庭内部教育养成的，我国是一个很重视家庭教化作用的国度，人们骂一个人没有教养通常骂他没有家教，《增广贤文》有"养子不教如养猪"的警句，《三字经》里有"子不教，父之过"的名言，这些都强调了家庭教化的责任。

家户制不同于俄国和印度的村社制传统，中国家户制具有独特的历史意蕴，家户制治理使中国形成了独特的农村发展道路。这条道路就是：农业经营组织以家户经营为基础，家户经济是一种农工商结合基础上的农工商互补经济，农村合作形式以家户互助合作为基础，乡村治理以家国共治为基础，家户制构成了当下及未来农村发展的制度底色。[2] 费孝通先生认为，我国的家族、家户是具有政治性质的单位，县里的命令不是下达到各家各户去的，而是送到地方自治单位（在云南叫作"公共家庭"，或称为"公家"）。[3] 家户是中国传统农业社会中生产、生活、社会交往和政治参与的基本单元，家户是个人与社会、个人与国家的联结点，家户内含着个体与整体、家与国

---

[1] 屈冬玉：《以信息化加快推进小农现代化》，《人民日报》2017年6月5日。
[2] 徐勇：《中国家户制传统与农村发展道路——以俄国、印度的村社传统为参照》，《中国社会科学》2013年第8期。
[3] 费孝通：《中国绅士》，中国社会科学出版社，2006，第50页。

之间的关系。① 我国传统乡村家户制是一个家国同构的体系，家户承担着"老有所养"的主要功能，形成了以家族为单位的共担、分担、均担、共养机制，家户的社会功能构成了中国老有所养的厚实底色。② 与我国家户制不同，西方国家的治理传统是"庄园制"，表现为庄园是独立的治理单位，国家把各庄园联合或整合起来形成了西方国家的乡村治理制度。中国传统的国家治理是国家纵向治理与村民自治的横向治理相结合的结构，这种结构原型的本源性特性就是治理基础的"家户制"。我国家户制把"家"与"户"这两个不同性质的单元合为一体，形成了以"家"为基点的横向治理和以"户"为基点的纵向治理的家户有机体，这种"纵横治理"形成了"官事官管，民事民治"的治理格局，也是我国以"皇权无为而天下治"为特征的国家治理的核心。当前，我国还是家户制下的纵横治理，纵向是国家、省、市、县、乡，横向是家治、族治、村治，这种横向治理中，家户作为一个基本单位，治理的作用非常突出。③

我国家户制治理传统下呈现以血缘关系为基础的团聚型"家村关系"、以地缘关系为基础的联合型"家村关系"和以利益关系为基础的结合型"家村关系"。④ 新中国成立以来我国家户制在不同的阶段呈现不同的特征：1949年新中国成立至改革开放前，家户制处于温饱预期，国家以政治责任为主导，产生的问题是政治强制与普遍贫困；改革开放后至党的十九大前，家户制处于经济依附下的小康预期，以经济责任为主导，产生的问题是经济依附与贫富分化；党的十九大以来国家以全面责任为主导，推进脱贫攻坚和乡村振兴战略，为家户制和现代农业发展有机衔接优化了战略布局，并推动

---

① 徐勇：《从"家户制"到"家户主义"的概念建构》，《开放时代》2024年第1期。
② 陈军亚：《由家到国、家国共责："老有所养"的中国治理进程——基于大型农村实地调查的认识和启示》，《政治学研究》2018年第4期。
③ 任路：《"家"与"户"：中国国家纵横治理结构的社会基础——基于"深度中国调查"材料的认识》，《政治学研究》2018年第4期。
④ 李华胤：《家村关系：中国村落社会异质性认识的新视角——基于"深度中国农村调查"材料的分析》，《广西大学学报》（哲学社会科学版）2019年第1期。

农村农业全面深化改革。① 我国家户制治理要"培育从事内涵式规模经营的现代家户制,将传统家户制纳入生产性社会化服务体系和现代农业经营体系之中"。② 家户既是乡村社会的基本单元也是国家治理的基本单元,把乡村血缘与地域关系叠加在一起,促进了社会与国家的相互渗透和包容,构成了传统国家政治的坚实基础。③ 家户制下,每个人从出生便承担着对血缘关系共同体的责任。离开了家户,人难以独立存在,就如四肢不能离开躯体一般。如果仅仅从现代社会的个体主义角度认识中国,便难以真正理解中国。④

我国家户制形成的经济基础是我国古代自给自足的小农经济,小农经济为基础的家户制不仅构成了我国的本源性传统,也形成了我国当下及未来农村发展的文化底色。自秦朝以来,家户制是伴随我国农村社会的基本制度,尽管中间有中断,但一直是我们不可抛弃的传统。⑤ 在当代乡村社会中,家户仍然是农民的基本行动与认同单位,家户的行为动机主要是追求家户利益,奉行家户利益至上,在形态上表现为家户主义;当代中国农村治理与政治的基本逻辑是家户主义逻辑,农民参与家户外的公共生活依据的就是这种家户主义逻辑,乡村家户主义盛行导致农村现代治理所需要的公共性规则难以形成。中国乡村治理与政治实践必须回应农民家户主义行为逻辑带来的挑战并回归本土治理逻辑,走一条中国特色社会主义农村治理与政治发展道路。⑥

因此,我国乡村治理现代化必须以家户制为基本治理单元,遵循我国乡

---

① 姚贱苟:《70年来中国政府促进小农户参与现代农业发展的责任履行演变研究》,《农业经济》2020年第11期。
② 张晓山:《促进传统家户制向现代家户制转变》,《中国乡村发现》2019年第2期。
③ 徐勇、叶本乾:《关系叠加视角下的家户制政治形态——以传统汉族地区家户社会为基点》,《云南社会科学》2020年第4期。
④ 徐勇:《从"家户制"到"家户主义"的概念建构》,《开放时代》2024年第1期。
⑤ 张薇:《我国家户制的演变及其对当代农村治理的启示》,《中共郑州市委党校学报》2020年第2期。
⑥ 陈明:《家户主义:中国农村治理的逻辑与底色》,《马克思主义与现实》2018年第6期。

村治理的历史传统并逐渐改造创新家户制以适应治理现代化的需求，家户制乡村治理成为我国区别于国外乡村基层治理的主要特色也是我国乡村发展的密码。

二 家户制历史演进的逻辑与特征

中国家户制的形成和发展是一个漫长的历史过程。早在西周时期，我国就实行"国""野"分治的乡遂制。春秋战国时期实行"分家立户"和"编户齐民"，将作为国家政权基本单元的"户"与作为社会基本单元的"家"结合在一起，从而形成特有的"家户制"。[①] 中国传统的乡村治理利用家户制形成"礼治秩序"，利用家族和家户的"礼治"功能实行对乡村的间接治理，形成了我们通常所说的所谓"皇权不下县"的中国乡村治理传统特色。到了春秋战国时期，宗族制度逐渐瓦解，家庭逐渐从宗族中独立出来，成为中国乡村最小的政治和社会单位。[②] 尽管这样，家户的宗族血缘在乡村治理中还产生着重大的影响。因此，费正清说，"从社会角度来看，村子里的中国人直到最近，主要还是按家族组织起来的"。[③]

秦汉时期我国实行郡县制，郡县下设乡、亭、里等乡里组织。汉代进一步细化了"里"以下的组织，建立了什伍制度。什伍制度下自治的基本单元是由多个核心家庭组织起来的家庭群体即家族，家族成员之间有着血缘长幼关系，家族成为乡村治理的基本单位，家庭是乡村治理的基本单元，户成为国家管理人口的基本手段，家户制基层治理臻于成熟。

隋唐时期进一步削弱了"乡"的职能，强化细化了"里"以下的乡村社会治理功能，家户制乡村治理进入了新时期，家户自治与国家监督的乡村

[①] 徐勇、叶本乾：《关系叠加视角下的家户制政治形态——以传统汉族地区家户社会为基点》，《云南社会科学》2020年第4期。

[②] 赵桂英、郑锦阳：《论家户制视域下新民主主义革命时期党的乡村治理措施与成效》，《行政科学论坛》2022年第6期。

[③] 〔美〕费正清：《美国与中国》，张理京译，世界知识出版社，1999，第15页。

治理传统体制逐渐完善，实现了从"以官治民"到"以民治民"的重大变化。特别是这一时期出现的乡绅和乡约制度，进一步完善了家户制乡村自治的体系。

直到新中国成立后，特别是我国户籍制度形成后，家户制治理以户籍为抓手进一步完善和强化。尽管现代乡村家户的成员规模变得小了，但是家户一直是一个生产生活基本单位，即使我国大集体经济时期，家户也没有因此而解散。因而可以说我国乡村治理单位一直都没有离开家庭，家庭不仅组织家庭人员生产，而且组织家庭人员维护家庭生活，还是养老、交流、教育、教化等一系列活动的基本单位。我国乡村治理不是单个人的治理，而是以家庭为单位的治理体系。

"中国是有着悠久农业文明传统的东方大国，由此型构了当代中国的一个基本国情——'大国小农'，即由数亿个农户构成的农民大国"[①]。因此，中国的乡村治理不是对单个农民的治理，而是以家庭为单位的集体治理。不仅乡村家庭甚至皇家也是一个大家族，按照亲疏关系分封官爵，皇帝表面上是国家的，但实际上就是皇帝的宗姓亲戚的，皇帝的家庭内务尽管由皇后代管，但是皇上最终有决定权，皇后只是委托人。正因为皇家也是以家庭治理为基础的，所以我国的家户制治理传统在中国大地延续了几千年经久不衰，这就是我国家户制的传统逻辑。我国的乡村自治是家庭群体自治，不是个体的自治，单个农民不直接参与乡村自治，一般是以家庭为单元参与乡村自治博弈，或者是家族之间的自治博弈、宗姓之间的自治博弈。我国以家庭为单位的家户制乡村治理具有如下特点。

（一）血源性

家户制乡村治理体制的形成主要是源于血缘形成的家族自治。在我国古代的乡村治理中，家族是一个庞大的治理组织，家族的基本单位是家庭，我

---

① 徐勇：《中国家户制传统与农村发展道路——以俄国、印度的村社传统为参照》，《中国社会科学》2013 年第 8 期。

国的国家其实是"国"与"家"的联合体,国是正式的政治组织,家是个体生存的综合性组织,家庭有四世同堂、五世同堂,古代的家是一个人口较多的单位,家族是家的外围组织。但不管怎样,家族和家庭成员都是具有血缘关系或因血缘形成的姻缘关系的人。如红楼梦里贾府是以贾母为核心的大家族,家族内有很多夫妇子女组成的家庭。家庭是指财产共有、有家长主持的单位,家庭成员之间没有私产,人员之间的分配不遵循按劳分配的制度,互相之间存在抚养和赡养的权利义务关系。家户制具有的血缘性,导致我国当前有些村庄治理还存在宗族主义问题。

(二)群体性

我国的乡村治理以家庭为单位,家庭是一个群体概念而不是单个人概念,因此我国乡村的许多治理事项往往以家庭为单位,而不像西方国家以个人为单位。如我国的村民自治法就规定:户主可以代表家庭成员参加选举。我国的户籍制度以户为基本单位,户主是家庭的代表者,可以代表家庭参加集体经济组织的大部分会议并代表家庭做决定。群体性的治理单位表明,我国的乡村治理必须以户为单位,通过户主才能过渡到个人,否则不适合我国当前乡村治理的实际。以户为单位的治理也说明,户的内部是自治的,实行共有产权制度。因此,群体性的家户对于乡村自治代表的是一个集体,家户的意志体现出来的是家庭的群体意志,不一定符合家庭中每一个成员的意见,村民自治实际上就是家户共治。遵循这一传统,我国的联产承包责任制也是以家庭为基础的联产承包,在家庭联产承包责任制中家庭是联产承包的集体责任者。

(三)柔弱性

今天,工业化城市化等文明冲击乡村,家户的家庭权威下降,家户的治理功能也随之降低但治理责任增强,如独生子女那一代,一对夫妇要赡养四个老人,家户养老责任明显增强。随着社会进步、家户的发展,家户的家长权威也被文明地取消，以前的父母权威不再保留，家庭成员之间地位平等，也没有规定父母或家长对家庭成员的权威，因而，当前某些小孩动不动就对父母的管教行为报警，家长的权威下降引起以家户为单位的治理也逐渐衰落，导致一些家户内部治理乏力。特别是随着家庭妇女地位的提高，女性经济地位和见识增长，现代家户出现了双权威，现代家户制的治理权威正在发生重大的变化，但现代家户制的"软治理"对正式治理的刚性具有互补的功能。

（四）本源性

家户是我国历史上形成的一种基本治理单位，许多组织都是以家户为基本单位组成的，当然，家户这种基本单位正在转型，如何以基本单位为基础，强化乡村治理是当前的首要问题。当前乡村结构正在发生急剧变化，乡村新型经营主体的不断出现，给家户制的组织结构带来了一些冲击。但是，以家户制为基本单位进入其他新型农业经营组织，正随着家户制家庭的变迁而完善，这种变迁推进家户制创新和家户发展的现代化，进而推进我国乡村治理体制和治理能力的现代化进程。特别是随着我国家庭农场的广泛兴起，家户制的主体作用也随之增强。不管怎样，家户治理是乡村治理的本源，只要家庭不散，家户就存在，家户制就会存在。

（五）伦理性

家户关系既包含对内的家庭关系，也包括对外的人际关系，但是家庭人员对外和对内是"内外有别"的，家庭人员之间除了一般的血缘关系、亲情关系外，还有很重要的伦理关系。所谓清官难断家务事，就是家庭内的伦理关系是非常复杂的，不可能像对外一样采用法律的手段处理。家庭伦理关系尽管是对内的，但是对外也起着重要的维护秩序作用。因此，家教在我国乡风文明建设中起着重要作用。一旦家户关系松弛，或者家户关系改变，就会影响社会秩序的变化，因此家风家教是我国乡村治理的重要基础和组成部分。

三 家户制背景下乡村治理现代化的问题

我国家户既是社会单位，承担着诸多的社会职能，又是治理单位，也承担较多的政治职能。以家户制为基础维系乡村基层社会稳定，即所谓"家正则国清"。改革开放后，中国社会的乡村治理与传统社会相比发生了翻天覆地的变化。[①] 主要表现为治理模式从"政社合一"向"乡政村治""多元共治"演变；治理理念从传统礼治向"依法治理""复合治理"演变。[②] 特别是随着户籍制度的改革人口流动加快，家户出现了家户分离、分家不分户、分户不分家、有户没人、有人没户、半边户等特殊情况，"家"与"户"的不同构性问题在现代乡村社会尤其突出，而这些家户的新形态必然会对现代社会的乡村治理产生相应的影响。

（一）家户流动弱化了乡村治理的情感联结

家户制治理具有深厚的历史、文化与政治基础，蕴含着自治、法治、德治精神，三治融合能够重构乡村治理体系，达到治理的更优效果。[③] 但是，随着城镇化、工业化的加速推进，乡村家户制的变迁也加速了进程，特别是农村剩余劳动力流动进入城市以后，农民本身的职业发生了变化，家户成员之间的距离和情感沟通发生变化，随之而来农民的思想意识也发生了变化，农民的交往半径拓展，农民的朋友圈增大和见识增加，整个农民的形象都发生变化，但随之而来的乡村治理变得越来越难。一是农民对相互的生活和工作情况无法像先前一样了解，因为村民外出流动，相互之间的距离变得越来越远，村民陌生化程度加深，对外出村民的活动情况村干部无法掌握，村民

[①] 陈文胜：《城镇化进程中的乡村变局与评判》，《武汉大学学报》（人文科学版）2017年第1期。
[②] 陈文胜：《论中国乡村变迁》，社会科学文献出版社，2021，第117~131页。
[③] 陶东：《乡村治理历程回顾：从村民自治走向三治融合》，《行政科学论坛》2021年第3期。

之间看似熟人但并不互相知根知底。二是村民在外面打工，自身能力和素质得到提升，同时见识也得到拓展，对于一些问题也更加有主见，服从意识减弱，村干部明显感觉村民越来越难"伺候"了。三在村民生活水平和村民素质提高的同时，村民对乡村治理的要求也不断提高，村民对公共服务的质量按照其他地方或者城市的标准去衡量，因而家户流动带来了治理的困扰。

（二）家户制的集体性影响乡村法治的个体性

我国家户制治理历史悠久，但我国的乡村法治传统并不长。家户是集体单元，法律是个体性行为规范，家户制的家庭自治与法律的个人干预思想存在一定的矛盾，因而我国家户制下的乡村法治并不完善。在家户制治理下，打官司是一家人的事情，因此，很多纠纷通过家庭甚至家族化解了，法治主体的作用相对被减弱。

家户制治理造成诉讼在乡村会受到很多阻碍，最大的阻碍是熟人社会和固定群居的条件下，法庭诉讼即使赢了，也未见得自己在村民的心中处于赢者的地位，加之法律的判决只是基于对证据的认知，没有对事实进行还原的能力，法律还存在人为操纵的因素，因而打赢官司不一定能得到旁人的尊敬，也不一定得到更好的社会效益，因此乡村家户制下一人打官司可能会遭到全家人的劝阻。家户制下的乡村纠纷凭家户的能力化解，家户或家族不强一般就委曲求全。家户是一个集体，民事法律中许多条款是针对个体的，家户制不是个体法律主体而是群体法律主体，家户的许多官司并不是为个人的利益而打，而是为家户或家族的名誉和尊严而战，所以，有些当事人并不愿意去打官司而是被家庭拖进去的，有些官司难以调解成功是因为利益的非个人主体化，乡村法治难不是有些人认为的是农民法律意识不强或不懂法律所致，而是当前法律与家户制之间存在着主体矛盾。

（三）家户家教家风式微，影响乡村德治

乡村德治与我国传统的乡村礼制具有诸多的联系，当然内容发生了

根本性的变化，但是，很多基本传统道德还是没有变，比如孝敬父母、尊老爱幼、少长有序等等。乡村家户制产生于传统的熟人社会，越是熟人社会越是适宜德治，德治是一种要依靠舆论力量维护的治理手段，如果没有舆论的约束，就只能靠个人的素质和自律来维护了，一旦村民之间相互陌生化，道德就会由于缺乏有效监督而被违反。德治的最大保障是家户，家户是维护家庭名誉和家庭声誉的重要单元，德治必须有家户的支撑。但是，当前家户人口流动导致家户成员的空间分离和乡村居民之间的陌生化，农民流动也引起农民对传统道德规范的遵守发生变化，引发家户对家庭成员的道德约束力下降，当前大多数家户的家长对子女等家庭成员的道德约束减弱，管不住子女的家长越来越多。因此，家户的家风家教功能逐渐式微也影响着当前的乡村德治。家户制以户为单位，在一定程度上家户就是一个道德的教育单位，家庭教育在道德教育上起着非常重要的作用。在现代乡村治理中仍然必须弘扬德治，德治是一种有效的治理方法，家户松弛和乡村熟人社会与半熟人社会环境变迁，导致家户的家风家教式微，乡村文明建设和道德治理需要加快创新。

（四）家户制的血缘意识影响乡村自治的独立性

家户制乡村自治是我国乡村治理的历史传统，也是我国乡村治理的核心手段，是农民当家作主的重要保障。当前，我国的乡村自治是一种乡村人员在一定区域的共同治理，但家户制下乡村自治以户为单位参与，是一种家庭表达的共同治理，乡村邻里之间存在一些血缘和亲戚关系，家庭之间存在很强的血缘性。我国乡村治理中熟人社会和血缘的亲属关系一直很明显，在乡村一定的区域和一定的人群中，大家基本上还是熟悉的，并且随着通信工具的发达和人们交往半径的扩大，以及交通的便利化，实际上乡村还不是一个陌生人社会。从乡村治理的基础来看，乡村并不是单个的人参与治理，而是以家庭为主参与治理。家庭参与治理具有明显的特征：一是家庭成员的利益是一致的，家庭是乡村社会最基本的共同体，很少有家庭成员之间意见相左的表决；二是家庭是一个治理单位，家庭成员之间以血缘和情感为纽带，形成了一个治理单位，家庭具有很强的情感决策性，在家户制的情感决策下，家庭成员的自主决策要受到限制，家庭成员的个性难以表达出来。

四 推进以家户为治理单元的乡村治理现代化路径

当前，我国乡村治理现代化的路径是多元化的，村庄治理主要是维护村庄秩序、动员村庄力量。村庄秩序的维护相对简单，因为村庄治理中家户制的家庭治理承担了很大一部分的乡村治理职能，对一些治理问题家户内部自己可以解决。因此，我国乡村治理现代化不能忽视家户制的治理传统和功能，要充分利用家户制的优势进行现代创新。

（一）充分发挥家户制的家庭治理作用

家户制的家庭治理是一种内部的综合治理，在乡村民众的道德修养、为人处世、承继职业等诸多方面都有着重要的作用。因此，不管是德治、法治还是自治，都要以家户制的家庭治理为基础，充分发挥家户制治理的自觉性和有效性，创造条件和强化激励，把握好乡村治理最基本的单位。为此，要重建家户治理规则，引导基于亲缘关系之上的家户制增强规则意识。家庭是农民的基本生活单位，家是农民生活休息的场所，家户制通过生产经营满足家庭成员的衣食住行需求，家庭成员之间靠感情和责任维持关系。国之本在家，乡村治理的基础在家户合一的家户制，家户制的家规家教是国家乡村治理的基础性秩序。同时，在乡村治理中要充分发挥家规家教的作用，收集整理和宣传家规家训，努力推动家风乡风建设，充分发挥家教、家风在教化人心、以文化人方面的独特价值，将政府治理的目标和规则融入家规家教之中。①

---

① 任路：《"家"与"户"：中国国家纵横治理结构的社会基础——基于"深度中国调查"材料的认识》，《政治学研究》2018年第4期。

（二）推进家户的联合治理

当前乡村治理的行政村规模太大，在大单位中推进自治的很多时候效率低。因而，在某些不是全村的公共事务的情况下，或者治理任务可以分解的情况下，可以发挥家户制联合治理的作用，例如对于一些区域性的水利、交通设施和环境保护，可以动员区域内的家户组成小分队，共同治理，可以避免大村庄治理而浪费治理资源。为此，要推进家户制的治理合作。家户制在经历了"个体化"之后，成为一个个原子化个人，加之市场经济带来的家庭道德变迁，家户制的家庭治理也发生了变化，由此带来了乡村社会公共性的持续衰退甚至解体和基层群众自治空转，大政府面对高度原子化的家户制，在处理农村公共事务的过程中往往一筹莫展。因此，加强家户制的治理联结，通过家户的传统组织资源实现公共性的再生产，实现家户制治理的组织化，比如建立家户制之上的亲友组织、邻里组织、村落组织、屋场组织等非正式组织，以便与大政府治理进行对接。[1]

（三）要重建家户制治理文化

家户制治理的功能和作用，随着乡村市场经济的发展而日渐式微，有的家庭甚至对自己的子女都无法管理好。为此，要强化家庭治理的文化建设。村庄要大力宣传以尊老爱幼为中心的传统伦理道德，树立榜样示范家庭、倡导优秀家户文化。家庭是我国乡村将会长久存在的单位，家庭治理是乡村治理的坚实基础和有效补充，要强化家庭治理意识，构建家户制的有效治理文化，倡导家风文明建设，把社会主义精神文明的重要内容通过家庭潜移默化给家庭成员。构建有利于家户制参与的乡村民主管理方式，给予家庭自治权，充分支持家户的德治、自治模式创新，提高乡村治理的民间效率而减少政府治理成本。

---

[1] 任路：《"家"与"户"：中国国家纵横治理结构的社会基础——基于"深度中国调查"材料的认识》，《政治学研究》2018年第4期。

(四)强化村庄的法治兜底性权威

法治是解决争端的国家正式规则,要强化法治在乡村社会的权威,要突破人情关系,消除法不责众的思想,树立乡村中依法办事、违法必究的办事原则,使法治能够在"三治"中起引领作用。为此,既要强化家户制的家庭治理法律责任,发挥家户制是农民个人社会保障和安全的庇护所作用;又要督促家户制家庭内部遵纪守法,强化家户制的家庭治理的法律义务。要强化家户制依法生产经营和社会参与的法律责任,加强家户的法治教育,培养家庭依法经营和遵纪守法的意识,进而通过户主或家长强化对户内人员的培养教育,养成遵纪守法的家庭人员品格。特别是要强调农户家庭的责任,对于家庭违法行为,强化家庭成员的相关连带承担,让遵纪守法成为乡村治理的行为底线。

(五)强化乡村"三治融合"的主体性

推进"三治融合"的关键是主体培育,我国当前家户制的乡村治理中,要注重家庭的培养,从培养好家庭入手,推进治理创新。"三治融合"不可能平均使力,必须根据不同的家户类型有所侧重,根据乡村治理的要求和家户的特征有针对性地开展乡村"三治融合"治理,重视家户制下的家庭自治、家庭德治和家庭发展,使家户成为"三治融合"的基本主体。推进形成家庭个人参与、个人影响家户家庭成员、家庭约束个人的家户主体成员约束体系,因人而异、因村而异地开展现代家户制下乡村治理,激发推进乡村治理现代化的强大主体力量。

五 结语

我国家户制乡村治理是新时代的一个古老话题,乡村治理的基础单元是家户,如何发挥家户制的功能开展乡村治理,是我国当前要有效实现"三治融合"治理所要面对的重要问题。为适应当前乡村振兴的需要，2014年中共中央、国务院《关于全面深化农村改革加快推进农业现代化的若干意见》提出："探索不同情况下村民自治的有效实现形式，农村社区建设试点单位和集体土地所有权在村民小组的地方，可开展以社区、村民小组为基本单元的村民自治试点。"[①] 乡村振兴要实现治理有效，在新时代要注重发挥家户制治理的重要作用，构建因地制宜的治理模式，为现代化乡村治理夯实基础。

作者：陆福兴，湖南师范大学中国乡村振兴研究院（长沙市，410081）

---

① 《中共中央国务院关于"三农"工作的一号文件汇编（1982—2014）》，人民出版社，2014，第289页。

中国特色乡村老龄化治理：时代挑战、现实难题与基本路径[*]

胡扬名

内容提要 中国乡村老龄化治理有别于城市老龄化治理，也有别于国外乡村老龄化治理，面临着诸多中国乡村特有的时代挑战，如乡村老龄化人口规模巨大与老龄化趋势加剧并存；乡村空心化和养老空巢化并存；乡村经济发展相对缓慢和乡村养老产业发展滞后并存。同时在乡村老龄化治理过程中存在诸多现实难题，表现为：乡村老年人消费能力差、乡村老年人生活难题多、乡村老年人精神生活空虚、乡村老龄化服务人才缺和乡村老龄化治理效能低等。在推进乡村全面振兴的新形势下，应基于中国的现实国情，积极探索中国特色乡村老龄化治理路径：大力促进乡村产业振兴，为中国特色乡村老龄化治理提供坚实的经济支撑；不断健全乡村养老服务设施和优化空间布局，大力打造老年友好的宜居环境；积极传承乡村养老文化和开发养老文化资源，深入探索乡村文化养老新风尚；加强乡村养老服务人才队伍建设和职业技能培训，探索乡村互助式养老模式；提升中国特色乡村老龄社会治理效能，努力促进乡村养老事业的高质量发展。

关 键 词 乡村老龄化治理　乡村产业振兴　适老化　乡村文化养老　养老服务人才

---

[*] 本文为国家社科基金重点项目"基于供需匹配的智慧养老服务精准管理模式研究"（20AGL035）的阶段性研究成果。

2024年1月15日，国务院办公厅印发《关于发展银发经济增进老年人福祉的意见》（以下简称《意见》），引起了人们对老龄化问题的高度关注。《意见》的发布表明政府的注意力已转移到老龄化治理方面来了，将银发经济视为经济社会发展新动能，通过挖掘老年消费潜力，将老龄化转危为机。加强乡村老龄化治理已迎来重要契机。中国乡村老龄化治理有别于城市老龄化治理，也有别于国外乡村老龄化治理，面临着诸多特有的时代挑战和现实难题。探索中国特色乡村老龄化治理路径是主动应对乡村人口老龄化的时代挑战，千方百计破解乡村养老难题，提升乡村老年人安全感、幸福感和获得感的必然要求，对于完善中国特色乡村治理体系和实现乡村全面振兴具有重要的理论意义和现实价值。

一 中国乡村老龄化治理面临的时代挑战

在宏观上，中国乡村老龄化治理不仅面临世界各国共有的人口老龄化趋势带来的各种挑战，还面临着中国国情下特有的城乡人口结构转型、城镇化演进和长期的城乡二元经济社会结构造就的时代挑战。

（一）乡村老龄人口规模巨大与老龄化趋势加剧并存

人口老龄化趋势是世界各国共同面临的时代挑战，而中国乡村人口老龄化形势特别严峻，表现在：一是乡村老龄人口规模巨大。根据第七次全国人口普查结果，乡村60岁及以上的人口数达到了1.21亿、65岁及以上的人口数为9036万人、80岁及以上高龄老年人口数为1667万人，分别占乡村人口的23.81%、17.72%和3.27%，比重比全国平均水平高4.2、5.1和0.73个百分点[①]。按照65岁以上人口占比14%即进入深度老龄社会的国际标准，我国乡村已进入深度老龄化阶段。二是老龄化进一步加速，伴随着乡村青壮

[①] 国务院第七次全国人口普查领导小组办公室编《中国人口普查年鉴2020》，中国统计出版社，2022。

年劳动力持续流出，人口出生率持续低迷叠加老年人长寿化趋势，乡村老龄化形势将更加严峻。随着第二次婴儿潮时（1962~1975年）出生的人群逐步进入老龄化阶段，2022~2035年乡村将逐步步入重度老龄化社会。乡村老龄人口的持续增加和老龄化程度的加深，将对乡村基本公共服务的内容和供给方式、养老服务设施和活动等产生深刻影响。乡村人力资本的老化，也对乡村治理现代化和乡村振兴提出了重大挑战。

（二）乡村空心化和养老空巢化并存

随着城镇化的推进，城市在提供就业机会和良好的教育、医疗等公共资源及生活便利性等方面的吸引力，使得乡村的大量人口向城市集聚。乡村社会呈现人口持续外流的特征，根据第七次全国人口普查结果，自2010年来的十年间我国乡村人口比2010年减少了1.64亿人[1]。乡村基础设施、教育、医疗等基本公共服务缺乏，生产生活水平落后，乡村经济衰退、社会功能日渐退化的乡村空心化现象更加突出。而乡村外流人口中，以青壮年劳动力人口为主，老年人成为留守乡村的主力军，养老空巢化现象日益凸显。青壮年劳动力远离家庭意味着生活照料和精神慰藉的缺失成为乡村养老的常态，家庭的养老功能进一步削弱。在乡村空心化和养老空巢化的背景下，乡村养老服务体系不健全、养老资源稀缺、高龄老人和失能半失能老人日渐增多等现实问题是新时代乡村老龄化治理面临的重大挑战。

（三）乡村经济发展相对缓慢和乡村养老产业发展滞后并存

相比于城市经济的高歌猛进，乡村经济发展显得相对缓慢。大多数乡村地区，经济发展主要依靠传统农业，产业结构单一，特色产业发展动力不足，农产品加工业发展滞后，产业链条短、农产品价值含量低，加之人才资源外流、土地资源开发利用少、农业科技服务体系不健全、三产融合进度慢

---

[1] 国务院第七次全国人口普查领导小组办公室编《中国人口普查年鉴2020》，中国统计出版社，2022。

等现状和制度的落后，导致乡村经济发展相对缓慢，这也决定了农民的增收速度慢和消费能力低。在养老方面，由于"重城市，轻乡村"观念长期存在，乡村养老事业和产业发展远远滞后于城市。乡村养老基础设施和服务供给跟不上养老需求的快速增长，政府在乡村养老方面的投入主要聚焦于"五保"等特困对象的养老需求，普惠性养老服务供给差距特别大。同时，由于养老产业的投入成本特别高、运维困难大和回报周期长，市场力量对于进入乡村养老市场的积极性不高，乡村养老产业融资渠道不畅，乡村养老服务设施简陋、服务质量不高，乡村养老服务的内容和产品单一，难以满足不同老年群体的多层次多样化需求。总体而言，乡村养老产业发展仍处于起步阶段，产业整体发育程度低，养老服务市场难以满足养老需求。

二 中国乡村老龄化治理面临的现实难题

中国乡村老龄化治理在服务对象、外在条件和工作机制上有异于城市老龄化治理。在现实中，要面临乡村老年人消费能力差、生活难题多、精神生活空虚等带来的"急难愁盼"问题和养老服务人才缺、治理效能低等养老服务、老龄工作方面诸多具体问题。

（一）乡村老年人消费能力差

乡村老年人的消费能力普遍较差，这是出于多重原因：一是乡村老年人缺乏稳定的经济收入。尽管乡村健康老年人仍保有劳动的习惯和行为，但大多数情况下只能维持自给自足，很难获得有效经济收入。而且多数老人为家庭建房、操持子女结婚等承担了家庭大额支出，很少留下积蓄甚至背上了沉重的债务。二是养老金低。大多数农民没有缴纳养老保险的习惯，年老后只能领取基础养老金，领取高龄补贴、护理补贴、综合补贴的人数少，补贴金额也不高。三是子女代际养老支持力弱。中国传统的养老模式是"养儿防老"，主要靠子女提供养老经济支持。但是乡村产业发展水平低，就业容量有限，外出务工收入也不高，大多数年轻人收入有限，尤其是在"老少兼有"的家庭养老和抚育小孩负担重的情况下,乡村家庭倾向于保证小孩的教育和抚育支持,对老年人的相关支出支持就非常有限。在老年人消费能力有限的情况下,其生活消费水平必然很低,其养老服务和养老产品的支付意愿和消费能力就更低了。

(二)乡村老年人生活难题多

乡村老年人在生活中,普遍存在着如厕难、洗澡难、出行难、就医难等生活难题,大大影响了乡村老年人的生活品质。一是居家养老环境不适老,居家养老生活难题多。如乡村老年人家庭卫生间没有马桶,缺少扶手,老人独自如厕难、洗澡难;地面凹凸不平、光线昏暗等易导致跌倒、磕磕碰碰,在生活不便时没有呼叫、报警设施,存在各种安全隐患。二是养老公共基础设施不健全,社会生活困难多。如老年医院、养老机构、养老活动场所等老年健康支撑设施体系建设滞后和布局不合理,公共交通设施对老年人不友好,老年公共活动空间缺乏,导致老年人就医难、出行难。三是"银龄数字鸿沟"制约乡村老年人享受现代科技红利。现代科技的发展,尤其是数字化、智能化产品的普及给生活带来了极大的便利。但是乡村老年人由于科技素养低,难以适应现代科技带来的便利,甚至面临很大的困扰。如面对数字产品,乡村老年人普遍存在"害怕不想学,想学没人教,学了用不熟"现象,还面临着网络谣言、不明链接诈骗、变相强迫消费、网络传销骗局等安全风险。

(三)乡村老年人精神生活空虚

传统的乡村养老事业发展主要关注老年人是否"吃得饱""穿得暖"等物质领域的养老需求,而忽略了老年人的精神文化需求。在现实中乡村养老文化缺失、文化设施和服务等资源不足,尤其是子女外出务工的留守老人缺少陪伴和精神关爱,导致乡村老年人精神文化生活普遍空虚,孤独、空虚、失落、焦虑、抑郁、阿尔茨海默病等不良精神状态萦绕着老年人的生活,使得乡村老年人的生活看起来"单调无味""寡淡凄凉",严重制约了乡村老年人生活的幸福感[①]。乡村老年人精神生活空虚主要表现为:一是乡村老年人缺乏对精神生活的自觉追求。一部分老年人由于经济收入低,经常因经济拮据而对未来生活担忧不已,习惯于节衣缩食的生活状态和长年经济积累的消费方式,缺乏精神层面的追求[②]。二是乡村老年人精神慰藉与心理疏导服务缺失。"重物质供养,轻精神慰藉"养老观念的存在,乡村老年人慰藉服务的缺位,使得长期缺乏陪伴和照料的老人,生活倍感空虚和凄凉,精神得不到慰藉,消极心理得不到疏导,因此诱发抑郁症、阿尔茨海默病等精神疾病甚至自杀的情况不在少数。三是乡村老年人精神文化活动不足。与城市通过老年大学、老年协会、社区等渠道开展老年课程、书画活动、运动健身等丰富多彩的精神文化活动相比,乡村老年人的精神文化活动严重不足,精神文化活动非常单一,有些老年人的日常活动就是看电视,有些老年人沉溺于打牌甚至赌博等。

(四)乡村老龄化服务人才缺

在乡村养老服务实践中,面临着"谁来提供养老服务"的"人才荒"难题。主要表现为:一是乡村养老服务人才总量不足。据报道,我国对养老护理员的需求达到600万名,但实际从业人员只有50万名[③],乡村养老护理员更是稀缺。主要从事老年服务的康复治疗师、心理咨询师、医生、护士、社会工作者、基层管理人员、健康管家等人才也非常紧缺。二是乡村养老服务人才结构失衡。主要体现为年龄结构失衡,从业人员年龄普遍偏大,或本身为低龄老年人;性别结构失衡,从业人员主要是妇女,男性偏少;文化结

---

① Huang, Ruyi et al. "The Effect of Intergenerational Support from Children on Loneliness among Older Adults-the Moderating Effect of Internet Usage and Intergenerational Distance", *Front. Public Health*, Vol. 12: 1330617, 2024.
② 候蔺、严予若:《中国乡村空巢老年人精神养老问题研究》,《老龄科学研究》2017年第4期。
③ 蒋乐来:《养老服务业"人才焦虑":紧缺的除了人员数量,还有什么?》,"澎湃新闻",2024年3月31日。

构失衡，乡村养老服务从业人员的文化程度多为初中及以下文化水平，专业技能薄弱。三是乡村养老服务人才质量不高，主要体现为服务专业性不强，在大中专培养的专门人才严重不足的情况下，大多数从业人员缺乏养老服务专业知识和理论背景，职业技能培训体系不成熟，职业培训严重不足，乡村养老服务队伍整体素质不高。四是乡村养老服务人才队伍不稳。养老服务从业人员流失率特别高，其原因是多方面的，主要有：劳动强度大，但薪酬水平低；上升通道不畅，职业前景不明确；被认为做的是伺候人的工作，社会地位不高，缺乏社会认同；更重要的是缺乏家人的理解和支持等因素。而且，随着工作年限的增长，人才流失风险越大[1]。

（五）乡村老龄化治理效能低

中国式老龄化社会治理的难点在乡村，乡村老龄化治理是基层治理的重要组成部分和薄弱环节，已成为影响乡村治理现代化的主要矛盾[2]。于乡村人口老龄化现实而言，我国乡村老龄化治理效能比较低，主要表现为：一是缺乏乡村老龄化治理的整体筹划。尽管乡村养老形势严峻，但仍然处于"说起来重要，做起来不重要"的境地，老龄化治理没有进入乡村治理的核心范畴，乡村老龄化治理缺乏系统性、全局性和长远性规划。二是乡村老龄化治理的碎片化。政府涉老部门众多，老龄化治理权责不清晰，尤其是乡村老龄化治理容易出现"有事无人管"的状态。涉老部门间缺乏总体协调机制，涉老资源配置效率低。三是乡村养老服务网不健全。当前，大多数地方乡村养老服务仍然停留在对特困老人的兜底性、救助型等低层次养老服务上，难以满足不同经济状况、不同健康状况老年人的多样化、多层次需求，相当部分乡村老年人处于"老无所依"境地。四是乡村养老服务工作组织

---

[1] 中国老龄科学研究中心、新疆生产建设兵团养老行业协会：《养老服务人才状况调查报告》，中国老龄科学研究中心网站，2023年4月1日，http://www.crca.cn/images/2023-4.pdf，最后访问日期：2024年5月4日。

[2] 付才辉、卓唯佳、林毅夫：《中国式老龄化社会治理——基于新结构老龄化理论的视角》，《社会治理》2023年第5期。

保障机制不健全。乡村老龄化治理组织领导、责任分工和考核评价等工作机制缺失，缺乏主动开展老龄化治理的动力。

三 中国特色乡村老龄化治理的基本路径

中国乡村老龄化治理有自身的特点和规律，既无法照搬国外老龄化治理的现成经验，也不能简单沿袭城市老龄化治理模式，而是要结合乡村全面振兴大势，立足整合乡村资源禀赋，探索一条中国特色乡村老龄化治理的道路。

（一）促进乡村产业振兴，为中国特色乡村老龄化治理提供坚实的经济支撑

乡村经济发展相对滞后和乡村家庭养老消费能力低是当前乡村养老面临的关键难题之一，也是制约乡村养老事业高质量发展的重要因素。大力促进乡村产业振兴是实现乡村养老事业高质量发展的必然要求，可为中国特色乡村老龄化治理提供坚实的经济支撑。结合乡村经济社会发展和乡村养老事业发展的现实情况，可从如下方面着手。

1. 因地制宜大力发展乡村本土特色产业

县乡政府应结合当地资源禀赋和产业优势，盘活本土特色资源，推进本土特色产业发展。同时，完善吸引人才返乡和广大青壮年劳动力回流以实现本土创业就业的政策，这样既可有效调整乡村经济结构、提高农民收入水平，也可方便年轻人兼顾养老照护，促进家庭养老复苏，破解留守老人、空巢老人养老难题。

2. 发展和壮大新型农村集体经济，利用农村集体经济收益助力乡村养老保障

一方面，可通过盘活乡村集体闲置资产，吸引城镇养老资源流向乡村，鼓励市场化导向、企业化运营的民办养老机构开展养老服务，通过竞争机

制,为乡村老年人提供质优价廉的养老服务;另一方面,集体经济收益可将城乡居民养老保险制度中的"集体补助"落实到位,拓宽缴费来源,更好地提高乡村老年人的养老保障能力,还可以利用集体经济收益建设公共养老设施和提供养老服务,提升乡村老年人的养老获得感。

3. 拓展乡村旅居养老等新业态,激发乡村银发经济新动能

充分利用乡村丰富的自然和人文资源,盘活乡村闲置的耕地、宅基地资源,通过市场机制构建田园综合体、康养农庄、特色民宿,或通过直接入住农户等方式,吸引城镇老年人开展乡村旅居养老。这既可满足城镇老年人多样化养老需求,促进城乡养老资源要素的互动融合,打破城乡养老体系的不平衡,也可带动乡村产业结构调整,将养老产业作为乡村产业融合的纽带,打造"养老+旅游+N"业态,促进乡村多业态融合发展,激发乡村银发经济发展新动能,切实增进乡村老年人的社会福祉。

大力促进乡村产业振兴,既可从宏观上提升乡村经济整体实力和乡村社会活力,进而增进老年人社会福祉,也可在微观上为留守空巢老人、低龄老人、健康活力老人提供就业机会,增加其增收途径,提高其经济收入,进而提高其养老消费能力,为乡村老年人"老有所养"奠定可靠的经济基础。

(二)健全乡村养老服务设施和优化空间布局,大力打造老年友好的宜居环境

以"适老化"为乡村全面振兴背景下破解乡村养老生活难题的重要抓手,不断健全乡村养老服务设施、优化空间布局,打造安全、方便、舒适的乡村老年友好宜居环境。主要可从以下三方面开展工作。

1. 积极推进适老化居家环境改造与建设

居家养老是乡村老年人最主要的养老方式。家庭是老年人最主要的生活场景,推进家庭适老化改造与建设,是提升老年生活品质的根本举措。根据老年人居家生活习惯和家庭生活设施实际情况,按照需求导向的原则实施"一户一案",对地面、如厕及洗浴设备等进行改造,改善居

家环境，进行老年辅助器具适配适老化改造，缓解老年人因生理机能变化导致的生活不便，降低居家生活意外风险，保障老年人拥有安全便捷的基本生活。

2. 逐步健全乡村适老化公共基础设施

打造适老宜居的外部空间环境，主要包括加强急救、护理、医疗、养老互为补充的老年健康支撑设施体系建设、适老出行环境建设、绿色生态交互空间建设、适老生活服务设施建设等。通过统筹规划外部空间适老化改造和建设，消除乡村老年人生活中的各种不便，使老人能够走出家门，与自然、社会、他人进行互动交流，使他们能够更加自主、有尊严地生活。

3. 积极推进科技适老化，逐步建立和推广乡村社区居家智慧养老服务模式

科技创新是积极应对人口老龄化的有效途径。随着现代信息技术、数字技术等的发展，老年人也将享受科技发展带来的安全便捷高效现代生活的红利。在社会层面，大力推进智慧医疗、智慧交通、智慧社区建设，在建设过程中充分考虑老年人对智慧技术和设施的需求特点进行适老化改造，以方便老年人的生活。在家庭层面，逐步建立和推广乡村社区居家智慧养老服务模式，在家庭安装智能视频监控系统、智慧健康监测设备、智能应急呼叫救援设备、智慧居家设施等，创新智慧养老产品与智能化服务供给，使乡村老年人享受科技成果变革带来的便利生活。同时，积极教育培养子代的数字反哺意识和反哺能力，培养其自觉帮助父母、长辈接受智慧养老的意识，并让子女晚辈掌握更多智慧养老相关的知识和技能，帮助老年人跨越数字接入鸿沟，解决老年人对智慧产品、现代科技产品不愿用、不会用等现实问题，使其享受现代科技红利[①]。

"此心安处是吾乡"，身心健康是老年人养老生活的基本追求。以适老

---

① 胡扬名、袁玉加：《子女愿为父母的智慧养老买单吗？——基于代际支持理论和计划行为理论的分析》，《广西师范大学学报》（哲学社会科学版），https：//link.cnki.net/urlid/45.1066.C.20240126.1429.002。

化改造与建设为抓手，打造乡村老年人宜养宜居环境，对于促进老年人的身心健康具有积极意义，是实现"老有所安"的有效途径。

（三）积极传承乡村养老文化和开发养老文化资源，探索乡村文化养老新风尚

乡风文明建设是乡村振兴战略的重要内容，也是引领乡村养老事业发展的重要方面。在全面推进乡村振兴背景下，积极传承乡村养老文化和开发乡村文化资源，探索乡村文化养老新风尚显得尤为必要。主要可从以下三方面进行。

1. 积极传承乡村养老文化

"百善孝为先"，传统孝道文化是中国传统文化中的一个重要组成形态，是乡村养老的重要文化基础。在乡村振兴过程中要加强孝道文化的教育和宣传，积极开展劝孝报亲等孝道文化实践活动，促进孝道文化社会化，提高孝道文化的社会关注度和影响力，进一步传承和弘扬传统孝道文化，在全社会树立尊老、敬老、孝老的社会风尚，鼓励"精神赡养"，充分满足老人的情感心理需求。

2. 加强乡村文化养老设施和活动场所建设

将乡村老年文化活动场所列入乡村发展规划，加强对老年文化活动场所的布局、规划和整合，完善乡村老年人日间照料中心健身康复、认知改善、书画阅览、多功能室等配套文化养老设施。盘活乡村闲置资产与资源，积极开办乡村老年大学、老年俱乐部、图书馆、老年文化活动中心等乡村文化养老设施和活动场所，为乡村老年人开展文化娱乐活动提供基本设施与场所。

3. 积极开发乡村文化资源、丰富养老文化活动和提供多样化的老年文化服务

加强对乡村优秀民族民间文化资源的系统发掘、整理和保护，积极开发乡村特色文化、民俗文化、非遗文化等乡村文化资源，发挥乡村老年人在文化传承中"传帮带"中坚作用，令其"老有所为"。发挥基层组织、老年协

会等社会组织的为老服务作用，积极开展音乐舞蹈、中医养生、营养烹饪、手工艺活动等老年人喜闻乐见的文化活动。完善乡村老年文化活动管理机制，通过政府购买、市场供给、群众自发开展等形式提供多样化的老年文化服务，丰富乡村老年人的精神文化生活。要注意的是须突出乡村老年人在文化活动中的主体地位，增加其参与机会，令其发光发热、乐在其中，将"老有所乐"落到实处，真正给予老年人"精神慰藉"。

（四）加强乡村养老服务人才队伍建设和技能培训，探索乡村互助式养老模式

人才振兴是乡村振兴的重要内容，大量充足的乡村养老服务人才可为乡村全面振兴背景下乡村养老事业高质量发展提供有力的人才支撑。为解决养老服务领域"人才荒"问题，2023年12月31日，民政部等12部门联合印发《关于加强养老服务人才队伍建设的意见》。结合该文件的指导精神和乡村养老服务发展实际情况，可从以下两方面加强乡村养老服务人才队伍建设。

1. 完善引导和扶持政策，建设专兼职乡村养老服务人才队伍

落实就业创业扶持政策，支持符合条件的人才到乡村养老服务领域就业创业，尤其是加强高校养老服务相关专业建设，发挥高校人才培养主渠道作用，支持引导养老服务专业科班毕业生对口从事专业工作。引导和支持社会工作、康复服务、老年营养、心理咨询等各种养老服务相关专业技术人才及经营管理人才专兼职从事养老服务工作。特别是要结合乡村养老服务人才缺口巨大的实际情况，引导和扶持有能力、有意愿的村民和乡村低龄老年人参与提供养老服务，完善扶持政策，吸引各类专业人才包括城市退休人才返乡从事养老服务就业创业，拓宽养老服务从业人员来源。加大政府投入，开展面向专兼职养老服务人才的常态化的职业技能进修培训，全面提升其综合素养和职业技能水平，培养一批能够满足老年人多层次多样化养老需求的稳定可靠的乡村养老服务队伍。在养老服务人才使用

管理方面，坚持按需设岗，引导各类养老服务机构根据功能定位、目标群体、服务特色等情况，科学设置管理、专业技术、工勤技能等岗位，优化人力资源配置。多渠道加大宣传力度，改变社会对养老服务从业人员的认知，引导从业人员树立职业荣誉感，为从业人员职业发展营造良好的社会氛围。

2. 因地制宜，建设乡村养老服务志愿者队伍，探索乡村互助式养老模式

充分考虑乡村地域广阔、养老服务递送半径长，养老服务专业人才队伍不足、相对服务成本高等现实问题，广泛培养服务于老年人生活照料、健康维护、精神慰藉、法律援助、休闲娱乐等方面的乡村养老志愿者服务队伍。同时充分发挥乡村熟人社区的优势，条件成熟的地方，可通过村民自治、志愿互助、政府支持等途径，吸引退休老干部、老党员、低龄老人和志愿者参加，培育村庄内生的"责任心强，有爱心，肯吃苦"的养老服务队伍，常态化开展为老服务，让老年人感受到社会的温暖和关怀。积极探索积分制、时间银行等乡村互助式养老模式，就近为本乡本土老年人提供巡视探访、生活照料、代买代缴、陪同就医、文体娱乐等互助性养老服务，同时也为低龄健康活力老年人"老有所为"提供途径。

（五）提升中国特色乡村老龄化治理效能，努力促进乡村养老事业高质量发展

针对乡村老龄化治理困局，应将发展乡村养老服务作为实施乡村振兴战略、补齐乡村治理体系和治理能力短板，提升中国特色乡村老龄化治理效能的切口，着眼破解乡村养老服务难题，促进乡村养老事业高质量发展。从宏观上来看，可从如下四方面着手推进乡村养老事业发展。

1. 将积极应对人口老龄化国家战略与乡村全面振兴战略有机衔接

将乡村养老事业发展的关键要素，如乡村养老服务设施布局、资金安排

等与国土空间布局规划、村镇用地发展规划、县域发展规划等有效融合，统筹推进乡村养老服务与乡村全面振兴、基层社会治理等的协调发展。

2. 加快完善县域乡村养老服务顶层设计，建设多层次、多支柱乡村养老服务体系

在推进乡村全面振兴发展新阶段，应以县域为单位，统筹建设"兜底供养、普惠服务、多元保障"的乡村养老服务体系。主要是通过兜底供养，切实兜住乡村困难老人的生活的底，让其基本生活无忧；推行普惠服务，扩大养老服务覆盖面，满足不同层次和不同类型乡村老年人对助餐助浴、日间照料、医养照护、巡访关爱等多方面的需求，努力实现乡村基本养老服务的公平性、可及性；明确政府、社会、市场和家庭在基本养老服务中的职责定位，健全覆盖县、乡、村、家庭的四级养老服务网络，建构乡村养老服务的多元保障支撑体系。

3. 整合乡村养老服务资源和医疗卫生资源，切实解决乡村老年人看病难、照护难等现实问题

现实中，乡村养老机构和医疗卫生机构条块分割，各自运行导致营运成本高企、资源闲置现象普遍存在。在乡村地区可尝试探索乡镇卫生院与敬老院、村卫生室与乡村幸福院统筹规划，毗邻建设，采取多种有效方式，实现资源共享、服务衔接，有效推进医疗卫生和养老服务融合发展，提高乡村老年人居家和乡村医疗服务可及性，既可满足乡村老人就近、便捷、医养康养结合的服务需求，也可促进医养康养资源有机整合和高效利用，为乡村老年人实现"老有所养"和"病有所医"提供可靠保障。

4. 健全乡村养老服务工作组织保障机制，保障乡村养老服务制度落实到位

要将乡村养老工作纳入县域内乡村全面振兴战略和基层社会治理重要内容，结合各地特色和实际情况，因地制宜发展完善乡村养老服务模式。健全乡村养老服务工作的组织领导、责任分工和考核评价等工作机制，健全纵向贯通、横向联动的推进机制，细化任务，加强督查，强化基层组织参与乡村

老龄化治理的责任,推动乡村养老服务制度落地生根、开花结果,使"老有所养、老有所安、老有所乐、老有所为"的中国特色乡村老龄化治理美好图景逐步变为现实。

作者:胡扬名,湖南师范大学中国乡村振兴研究院(长沙市,410081)

《乡村治理评论》稿约

《乡村治理评论》是由湖南师范大学中国乡村振兴研究院、中国农村发展学会乡村治理专委会创办的学术集刊。本刊秉承宜居宜业和美乡村愿景，担负中国式乡村治理现代化使命，立足中国乡村治理实践，服务中国乡村治理，打造乡村治理研究高地。为办好《乡村治理评论》，热诚面向国内外专家、学者征稿，现将有关事项告知如下：

来稿主题：关于中国乡村治理理论与实践的学术论文、研究报告等均欢迎投稿。

来稿要求：

1. 文章篇幅：10000~20000字，优秀稿件不受字数限制。

2. 稿件基本信息：题目、作者及单位、邮编、内容摘要、关键词、正文、参考文献等。

3. 文稿应语言规范、资料可靠、数据准确、方法适当、引证规范，具有创造性、科学性、前瞻性，重复率最高不超过15%。

4. 本刊实行同行专家匿名审稿制度，对来稿有删修权，不同意删修的稿件请在来稿中声明。

5. 引文采用当页脚注，格式参照社会科学文献出版社书稿注释要求。

6. 征稿邮箱：zhgxcfx@163.com

热切期待您的大作！期望各界朋友大力支持！

《乡村治理评论》编辑部

2024 年 5 月 25 日

图书在版编目(CIP)数据

乡村治理评论.2024年.第1辑:总第1辑/陈文胜主编.--北京:社会科学文献出版社,2024.9.
ISBN 978-7-5228-3959-2

Ⅰ.D638

中国国家版本馆CIP数据核字第2024ED4870号

乡村治理评论　2024年第1辑(总第1辑)

主　　编／陈文胜

出 版 人／冀祥德
责任编辑／桂　芳
责任印制／王京美

出　　版／社会科学文献出版社·皮书分社（010）59367127
　　　　　地址：北京市北三环中路甲29号院华龙大厦　邮编：100029
　　　　　网址：www.ssap.com.cn
发　　行／社会科学文献出版社（010）59367028
印　　装／三河市龙林印务有限公司

规　　格／开　本：787mm×1092mm　1/16
　　　　　印　张：12.25　字　数：181千字
版　　次／2024年9月第1版　2024年9月第1次印刷
书　　号／ISBN 978-7-5228-3959-2
定　　价／88.00元

读者服务电话：4008918866

版权所有 翻印必究